EXPOSITION UNIVERSELLE DE 1900

997

LA

COLONISATION LYONNAISE

RAPPORT

PRÉSENTÉ

PAR LE COMITÉ DÉPARTEMENTAL DU RHÔNE

VIIIᵉ Section. — Colonisation.

LYON

A. REY ET Cⁱᵉ, IMPRIMEURS-ÉDITEURS

4, RUE GENTIL, 4

1900

LA

COLONISATION LYONNAISE

LA
COLONISATION LYONNAISE

RAPPORT

PRÉSENTÉ

PAR LE COMITÉ DÉPARTEMENTAL DU RHÔNE

VIIIᴱ Section. — Colonisation.

LYON

A. REY ᴇᴛ Cⁱᴱ, IMPRIMEURS-ÉDITEURS

4, RUE GENTIL, 4

1900

COMITÉ DÉPARTEMENTAL DU RHÔNE

VIIIᵉ Section. — Colonisation

Président :

M. ULYSSE PILA, membre de la Chambre de Commerce de Lyon et du Conseil supérieur des Colonies.

Vice-Président :

M. P. ROUGIER, professeur à la Faculté de Droit.

Membres :

MM. H. BABOIN, ancien député.

J. CAMBEFORT, ancien président de la Société de Géographie.

Dʳ CAZENEUVE, professeur à la Faculté de médecine, conseiller général.

Dʳ CROLAS, professeur à la Faculté de médecine.

AUG. CHABRIÈRES, président de l'Union des Chambres syndicales.

G. CHAMBEYRON, trésorier de la Chambre de commerce.

CH. DÉTROYAT, administrateur des Hospices civils.

LANG, directeur de l'École La Martinière.

ED. PAYEN, membre de la Chambre de commerce.

RÉSAL, directeur de la Voirie municipale.

A. TESTE, membre de la Chambre de commerce.

H. THIERS, publiciste.

Secrétaire de la Section :

M. V. PELOSSE, secrétaire adjoint de la Chambre de commerce.

VINGT ANS DE PROGRÈS COLONIAL

On pouvait penser que le département du Rhône, centre de la région lyonnaise qui compte parmi celles ayant le plus de relations avec les colonies, aurait tenu à présenter à la grandiose manifestation du travail, et du génie humain que Paris organise en 1900, une exposition d'ensemble se rapportant à tout ce qui intéresse notre empire d'outre-mer. Cependant, après le grand effort tenté à Lyon en 1894 par l'organisation de la brillante section coloniale de l'Exposition tenue en cette ville, il eût été peut-être difficile de recommencer pareille manifestation sous un aspect nouveau; aussi a-t-on préféré laisser pleine liberté soit aux fabricants lyonnais de pro - duits pour les colonies, soit aux importateurs de ces produits, afin qu'ils puissent se mêler à la foule de leurs concurrents métropoli - tains ou étrangers. La comparaison devenait ainsi plus facile et les résultats plus fructueux.

Néanmoins, le grand centre colonial lyonnais ne pouvait s'abstenir de donner un témoignage direct de son existence propre et de sa vitalité, c'est pourquoi le Comité départemental a-t-il pensé qu'en consacrant une de ses sections, la VIIIe, à la colonisation, il assurait la possibilité de réunir en un volume une série de renseignements sur la colonisation lyonnaise.

C'est ce volume que nous présentons, en le faisant précéder de considérations d'ordre général qui nous paraissent indispensables pour bien préciser ce qu'est devenu, depuis vingt ans, ce monde colonial où s'exerce une part importante de l'activité lyonnaise.

HIER ET AUJOURD'HUI. — Le « Foreign Office » a récemment publié, dans la collection des « Diplomatic & consular Reports », un rapport sur les colonies françaises. Ce rapport, très remarquable, est de M. Austin Lee, attaché, pour les affaires commerciales, à l'Ambassade d'Angleterre à Paris. Il décrit de la façon la plus technique la situation économique actuelle de la plupart des colonies.

J'en retiens une phrase, c'est la première : « L'expansion coloniale de la France, dit M. Austin Lee, est peut-être un des traits les plus remarquables de l'histoire contemporaine de ce pays. »

Cette observation vient d'un étranger, et cet étranger est d'une nation qui est par nature très peu disposée à reconnaître aux autres, à ses rivales surtout, la faculté de faire de grandes choses.

Si, malgré cela, cette observation semblait à quelques-uns sans grande signification, je dirai qu'elle m'a personnellement intéressé beaucoup, parce que j'y ai trouvé l'expression exacte et mesurée de mon opinion, de ma conviction, et que je crois être dans la vérité. Je la développerai, sinon au moyen de chiffres comme l'a fait M. A. Lee, du moins avec l'aide de quelques idées qui me paraissent se dégager de l'histoire coloniale de ces vingt dernières années.

Ceci ne s'adresse pas aux détracteurs de la politique suivie par la France durant ces vingt années, à ce petit clan d'irréductibles, qui prétendent que notre pays, en se lançant dans la colonisation, s'est engagé dans une funeste voie. Délaissant ceux-là, je voudrais convaincre ces Français — et ceux-là sont la majorité — qui approuvent en principe l'expansion coloniale d'un grand pays comme le nôtre, mais qui désespèrent encore de notre aptitude à coloniser.

La cause coloniale a, en effet, particulièrement souffert jusqu'à ce jour de cet esprit chagrin et pessimiste, de cette défiance de nous-mêmes, de cette ignorance de nos vraies forces, de ce généreux empressement à nous dénigrer, qui nous caractérisent depuis nos malheurs.

De notre empire colonial, de la politique que nous y suivons, ce sont les imperfections, les défauts que nous remarquons à première vue. Nous affectons d'être mécontents des territoires que nous possédons. Nous regardons les déserts au lieu de porter nos yeux sur les terres fertiles. Nous parlons de ce qu'il nous faudrait encore de préférence à ce que nous avons déjà. Nous proclamons nos erreurs et les maladresses de notre Administration, la timidité de nos capitaux, la pauvreté de notre émigration, la stérilité de notre race. Et, sans savoir si tout cela est vrai ou du moins n'a pas changé, nous concluons bruyamment que nous avons cessé d'être un peuple colonisateur et que nous ne pourrons pas le redevenir. On en est généralement persuadé en France, et le monde a failli le croire.

En ce qui me concerne, je vois les choses tout autrement, et pour moi le spectacle de notre empire colonial, tel qu'il est tant bien que mal devenu, est la source de constatations et d'idées très encourageantes.

Faisons ici quelques remarques.

L'ensemble des possessions que nous avons aujourd'hui constitue le troisième empire colonial que nous fondons depuis deux siècles, alors que ces deux siècles ont été nécessaires à l'Angleterre pour édifier le sien, avec nos dépouilles surtout. Je ne prétends pas par là que nous soyons supérieurs à nos rivaux et que, dans le même intervalle de temps, il soit plus louable de recommencer trois fois la même chose que de l'achever une fois pour toutes. Je constate simplement que notre troisième entreprise témoigne de notre part d'une assez jolie persistance à nous maintenir dans un chemin où nous n'avions trouvé jusqu'alors que des échecs et où nous croyions ne jamais rencontrer de succès. Cela a toutes les apparences d'une vocation ou d'une destinée.

La perte de nos anciennes colonies avait été le fait d'un Régime. Sous notre troisième République, une volonté a suffi pour nous en donner de nouvelles, dignes des autres. C'est Jules Ferry qui, après le traité de Berlin, engagea la France dans les conquêtes coloniales, dans le but pratique de dériver son activité politique et de donner à son industrie, à son commerce, un vaste champ d'action tout nouveau. Ainsi naquit cet empire colonial dont nous devons nous glorifier aujourd'hui.

La Tunisie et le Tonkin en sont les bases splendides ;

La Tunisie, qui fortifie notre situation dans la Méditerranée jusqu'à la rendre prédominante, et qui devait servir de clef de voûte, pour ainsi dire, à un vaste empire en Afrique ;

Le Tonkin, qui est un pays de riche colonisation, tout en étant une porte ouverte sur la Chine, c'est-à-dire sur la seule réserve que nous garde l'avenir.

Il y avait là les éléments d'un plan admirable, parfaitement conçu, conforme aux destinées comme aux traditions de la France, à son avenir comme à son passé. On n'a eu qu'à les mettre en œuvre ; quelques hommes, comme Etienne, en ont le mérite. En moins de vingt ans, ils surent donner à l'idée directrice son plein développement.

Notre empire africain fut fondé, et Etienne en fut le plus grand ouvrier.

En même temps, l'Indo-Chine, en devenant française pour moitié, nous faisait une belle place dans le monde d'extrême Orient. Nous étions partis de rien. Et tout cela a été fait en vingt ans ! ! ! à peine.

En 1884 encore, nous n'avions que quelques terres éparses, sans liens avec la Métropole, sans cohésion entre elles. Je ne parle pas de l'Algérie, qui malheureusement n'a jamais été traitée comme une colonie. Le nombre total des colons était dérisoire ; l'émigration nulle ou presque nulle. Il n'y avait pas, à proprement parler, d'administration coloniale, attentive à la prospérité des colonies; de politique, encore moins. Durant tout le siècle, nos entreprises dans les pays d'outre-mer n'avaient été que des incidents de notre politique extérieure. L'opinion publique et le commerce, d'ailleurs, s'y étaient, durant la moitié de ce siècle, montrés indifférents, sinon hostiles. La colonisation ne les intéressait pas; ils en ignoraient même l'existence et tous les problèmes.

Pourtant, nous avions été un peuple colonisateur, et, pour le redevenir, nous n'aurions pas eu besoin de nous mettre à l'école d'autres pays; nous aurions trouvé dans la France d'avant 1789 les meilleurs exemples. Mais nous avions rompu toute attache avec le passé. En fait de colonisation surtout, les traditions étaient perdues. Si, dans les pauvres annales de notre activité coloniale dans ce siècle, il se trouvait quelques traits admirables, comme l'administration des amiraux en Cochinchine et le fonctionnement des bureaux arabes, c'étaient des exemples isolés, presque des phénomènes, qui avaient passé inaperçus, même aux yeux de ceux dont la charge était d'en tirer des méthodes.

Quand, donc, vers 1880, il vint à l'idée de quelques bons patriotes, sages et clairvoyants, de faire une France coloniale, une plus grande France, tout manquait : des terres, des hommes, des méthodes, des aspirations. En moins de vingt ans, nous venons d'acquérir à peu près tout cela. Quelques expéditions glorieuses nous ont donné un domaine territorial immense. Les parties qui le composent n'ont pas, je le veux bien, la même valeur. Ce ne sont pas, comme le disent les manuels trop enthousiastes, des terres illimitées, d'une fertilité prodigieuse. Les trois cinquièmes offrent même, pour le moment, peu d'espoir d'en tirer quelque chose. Mais le reste est admirable et de nature à justifier les plus grandes espérances.

Cette conquête, il est vrai, s'est faite à l'origine sans enthousiasme, malgré une opinion hostile et un Parlement méfiant. Mais l'idée coloniale n'a pas tardé à s'imposer. Elle a d'abord pénétré la science. Dans tous les ordres des connaissances, elle a trouvé ses partisans; elle a pris partout une grande place ; elle a créé sa Presse.

Les Facultés de droit, des sciences, des lettres et de médecine ont presque toutes aujourd'hui des chaires où se traitent, sous des formes différentes, des sujets coloniaux. Le nombre des thèses de doctorat qui se réfèrent à des questions coloniales augmente chaque année d'une façon prodigieuse.

Des conférenciers de grand talent se sont faits les apôtres de cette idée, et l'ont défendue comme une des nécessités de l'avenir. Les maîtres de la plume lui ont apporté leur concours, et je ne puis résister au plaisir de présenter les paroles d'Alfred Mézières, membre de l'Académie française et du Parlement, président de la Commission de l'armée et de celle de l'armée coloniale, paroles prononcées dans une séance solennelle à la Sorbonne, en faveur du comité Dupleix :

« Nous avons, dit-il, possédé autrefois les plus belles colonies du monde, l'Inde, la Louisiane, Saint-Domingue, le Canada.

« Nous les avons perdues par la faute de la Métropole.

« Nos premières générations de colons étaient admirables : leurs efforts, leur patience, leur industrie nous avaient donné des territoires qu'ils avaient organisés, qu'ils avaient administrés supérieurement ;

« Ce sont nos guerres folles et malheureuses qui ont détruit leur œuvre.

« Aujourd'hui, la situation est tout autre ; les colonies que nous possédons, qu'aucune guerre étrangère ne menacera dans l'avenir si nous savons bien conduire nos affaires extérieures, nous les devons non à l'esprit d'aventure et à l'initiative privée, mais à l'énergie du patriotisme de nos soldats et de nos marins.

« L'armée et la marine ont fait leur devoir, tout leur devoir. La parole est maintenant aux commerçants, aux industriels, aux colons, et particulièrement à la jeunesse française.

« Jeunes gens, qui tenez entre vos mains les destinées de la patrie, voulez-vous vous laisser devancer dans votre propre domaine, voulez-vous que les maisons de commerce qui se créeront en Afrique et en Asie, à l'abri de votre pavillon, portent des noms étrangers? Alors, continuez à vous endormir mollement dans les douceurs d'une vie paisiblement ordonnée ; continuez à entrevoir à travers vos rêves d'avenir, comme suprême ambition, le traitement assuré et l'avancement régulier du fonctionnaire.

« Mais sachez que dès maintenant la lutte pour l'existence est devenue très âpre, que l'encombrement de toutes les carrières est effrayant.

« Dans la société moderne, il ne reste plus guère de place pour les oisifs. Avec la modicité du taux de l'intérêt et les charges croissantes de l'impôt, les revenus des fortunes moyennes sont en train de s'évaporer.

« Le temps des succès faciles est passé chez nous.

« Dans nos jeunes colonies, au contraire, tout est neuf, la place est à prendre tout entière. Prenez-la donc résolument, avec la certitude qu'en servant votre propre intérêt vous servez en même temps la patrie. »

D'autre part,

L'*Union coloniale française*, dont j'ai le grand honneur d'être un des Vice-Présidents, n'a cessé, depuis sept années qu'elle est fondée, de combattre pour cette idée d'expansion.

Son programme tient en deux lignes : faire l'éducation coloniale du pays et pousser au peuplement des possessions françaises pauvres de main-d'œuvre.

L'Union coloniale travaille à détruire les légendes, combattre les erreurs administratives, renseigner et guider ceux qui songent à aller s'établir aux colonies, et les représenter ensuite dans la métropole.

Mais derrière ce modeste et si utile programme déjà, que de travail, que de propagandes, conférences, écrits, démarches, accomplis par cette Union, sous l'habile et dévouée direction de son Secrétaire général, Chailley-Bert, professeur si compétent, si érudit dans la matière, si zélé ! Aussi, le voyons-nous toujours sur la brèche et en avant-garde, combattant tous les jours. C'est l'éducateur infatigable ; que d'idées et que d'initiatives lancées par lui dans la *Quinzaine Coloniale* qu'il dirige, et déjà toutes réalisées !

L'Office colonial ;

Le Congrès colonial de Bruxelles ;

Le Jardin de Cultures coloniales ;

Le remaniement de l'Ecole coloniale de Paris ; l'enseignement colonial à la Sorbonne ; enfin, les cours de colonisation professés par lui cette année; conférences en province, etc., etc.

Pour tout cela, l'Union coloniale et Chailley-Bert ont bien mérité du pays.

En même temps, l'explorateur Bonvalot, directeur du Comité Dupleix, s'adressant plus particulièrement à la jeunesse française avec *la France de demain,* a, de son côté, bien servi la cause.

Sous ces impulsions si autorisées et si entraînantes, l'opinion publique s'est ressaisie.

Elle envisage maintenant sans aversion et même avec intérêt la nouvelle vocation de la France.

Bien mieux, une opinion coloniale s'est formée.

Elle a longtemps flotté et beaucoup erré, mais elle s'est déjà dépouillée de toutes les idées fausses, de tous les faux axiomes qui ont tant nui, dans ce pays-ci, aux débuts de la colonisation.

Certaines idées, méconnues il y a seulement dix ans, sont acquises maintenant et tendent à leur tour à devenir des lieux communs, mais ceux-là utiles et féconds.

Quand, par exemple, Jules Ferry, Paul Bert, entendaient que les colonies n'eussent d'autre raison que d'être ouvertes, aussitôt que fondées, à l'industrie et au commerce de la métropole, ils se trompaient, et beaucoup les ont suivis.

L'agriculture, dans la colonisation, doit être le premier pas. Pour faire de l'indigène un consommateur et un client sérieux, il faut d'abord l'enrichir, et on ne le peut qu'en lui donnant les moyens d'exploiter de plus en plus utilement les ressources naturelles de la terre qu'il habite, pour lui faire rendre trois fois plus. Cela paraît aujourd'hui une vérité toute simple, mais elle était encore ignorée hier. Elle est en ce moment la base pratique de toute notre colonisation, et les succès se montrent.

C'est ainsi que peu à peu nous arrivons à dégager des principes, à former des méthodes qui redressent heureusement les effets de nos premiers tâtonnements, car nous n'aimons guère, par caractère, à suivre l'expérience des autres et à nous mettre à l'école de quelqu'un.

Nous avons donc ainsi fait notre expérience par nous-mêmes. Etant donné notre caractère, je le répète, il fallait qu'il en fût ainsi. Nous bâtissons sur une table rase, avec des matériaux dont nous éprouvons chaque jour la valeur et la solidité. Félicitons-nous d'avoir si heureusement et si vite surmonté les premières déceptions et les premiers obstacles. Nous sommes à présent dans la bonne voie.

Notre administration. — Rien, je crois, n'est aujourd'hui plus décrié que notre organisation et nos mœurs administratives. Rien, en tout cas, n'a été plus attaqué jusqu'à ce jour que les gens et les actes de notre administration coloniale. On en aura la raison quand on se sera dit simplement que cette administration, comme tout en ce monde, subit encore aujourd'hui les conséquences de la triste réputation qui lui vient de ses débuts. Il faut bien le reconnaître, sa première gestion a été dans l'ensemble déplorable. On ne compte pas les erreurs, les maladresses, les négligences, les abus qui la caractérisèrent tout d'abord. Il était juste de dire alors qu'elle constituait le pire obstacle à la colonisation.

Mais on ne pouvait pas attendre de meilleurs résultats d'une administration improvisée en quelques mois et livrée aussitôt à elle-même sans direction, sans méthode. Quand il a fallu pourvoir à l'administration des colonies variées que nous avions conquises coup sur coup, on s'est trouvé devant une entreprise immense, aussi difficile qu'importante, pour laquelle tous les éléments faisaient défaut. On dut faire flèche de tout bois. Pour organiser et remplir les services, on envoya comme fonctionnaires aux colonies

les gens qui se présentèrent, ou qui furent présentés par nécessité ; et si l'on fit un choix entre eux, ce fut la politique surtout
qui y présida. C'était pour la plupart des déclassés, des hommes quelquefois discutés, souvent inintelligents, toujours inexpéri-
mentés. Leurs actes furent à l'avenant.

Il faut bien dire que les premiers colons qu'ils eurent à admi-
nistrer ne leur étaient pas de beaucoup supérieurs. Leur origine
était à peu près la même. Les uns étaient des gens sans grands
scrupules, sans d'autre idéal que d'exploiter l'inexpérience de
l'administration de façon à se faire allouer de fructueuses entreprises. Comme les gens trop avides, ils étaient insatiables, et
l'administration n'arriva jamais à les contenter. Et quand celle-ci,
en prenant conscience des intérêts supérieurs de la colonie dont
elle était chargée, chercha à se défendre contre ces parasites, ils
se récrièrent, protestèrent, et proclamèrent alors que l'administration française, loin de favoriser la colonisation, ne faisait que
l'entraver.

Les autres, ceux qui étaient accourus aux colonies comme en
un eldorado où la seule fécondité du sol leur assurerait une fortune bientôt faite, rendirent naturellement l'administration respon-
sable de leurs mécomptes et de leurs premiers échecs. Ils voyaient
en elle la suprême ressource, la réparatrice de toutes les infortunes.
Ils lui demandèrent sous toutes les formes secours et appui. Et,
comme elle était dans l'impossibilité de les leur fournir, ils s'unirent
au concert de blâme.

Le blâme a longtemps duré. Il subsiste encore, sous sa forme primitive, dans l'esprit de bien des gens. Mais, heureusement, il est
devenu aujourd'hui tout à fait injustifié.

En ces dernières années, les plus heureuses améliorations ont
transformé la composition, l'esprit et les procédés du corps de nos
fonctionnaires coloniaux. C'est un fait qui, bien que contraire à la
croyance commune, est la vérité même ; il est temps de le proclamer.

A la tête de toutes nos colonies se trouvent aujourd'hui des gouverneurs distingués et compétents. Il n'y a pour en donner la preuve

qu'à citer les Doumer, les Galliéni, les Ballay, et tant d'autres. Sous leurs ordres agissent des fonctionnaires dévoués et expérimentés, au milieu desquels disparaissent quelques rares exceptions. L'Ecole coloniale, qui les recrute, a cessé d'être une institution dirigée par des soucis purement politiques, pour devenir un établissement pratique, d'où sortent chaque année les meilleurs sujets. Le Gouvernement lui-même s'est enfin décidé à s'occuper activement de la colonisation proprement dite des territoires dont il a la garde, et s'associe à tous les efforts tentés partout pour y intéresser de plus en plus le commerce et l'industrie.

Grâce à ces influences, notre Administration coloniale paraît maintenant à la hauteur de sa tâche. Elle est partie de très bas, mais elle s'est très vite élevée. Au lieu d'y voir comme jadis une entrave plus ou moins inconsciente à la colonisation, on y trouve aujourd'hui une aide intelligente et bienveillante, qu'on ne fera qu'encourager en cessant de la traiter en ennemie. Plus haut, dans l'Administration supérieure de la Métropole, là aussi un grand progrès s'est accompli. Quand les Ministres passent, les bureaux restent, et au Pavillon de Flore nous avons maintenant les hommes les plus remarquables, ayant fait leurs preuves, et vu par eux-mêmes les pays qu'ils dirigent.

Il est à remarquer que cette évolution ne s'est pas faite isolément, et que l'Administration s'est améliorée dès que le colon s'est amélioré lui-même. Il en sera toujours ainsi. Dans le domaine colonial, comme en politique, nous n'aurons jamais que l'Administration que nous aurons su gagner. Elle ne deviendra excellente que lorsque les colons seront excellents et sauront la façonner à leur image. Etendons-nous, créons, colonisons; rien alors, pas même l'Administration française, ne pourra résister à la poussée des intérêts qui en résulteront. C'est de nous et non de l'Etat, c'est de la famille, des maisons de commerce et d'industrie françaises, plutôt que des pouvoirs publics, que dépend la solution heureuse de la question coloniale.

Nos capitaux. — On dit, et on ne saurait trop répéter, que les capitaux, et de gros capitaux, sont indispensables à la colonisation, et que, sans eux, nos colonies ne pourraient prospérer, ni même vivre. Or, nous voyons que celles-ci vivent et commencent à prospérer ; serait-ce que les capitaux, cet élément indispensable, ne leur font pas autant défaut qu'on le croit généralement ?

Effectivement, l'argent français a cessé de se dérober ; il a perdu la défiance qu'il témoigna pendant si longtemps dans ce pays pour toute entreprise coloniale nationale. Et, s'il ne s'offre pas encore de lui-même, il est devenu assez facile de l'attirer, ce qui est tout comme, au point de vue des résultats. Plus de 250 millions de francs ont déjà trouvé leur emploi aux colonies dans des entreprises privées, agricoles, commerciales ou industrielles :

Indo-Chine	60 à 80 millions.
Congo.	60 millions.
Madagascar	40 —
Tunisie	50 —
Nouvelle Calédonie	5 —
Afrique occidentale	40 —
	255 millions.

C'est un chiffre qui, en très peu de temps, sera très largement dépassé. Tel qu'il est en ce moment, il est faible sans doute, si l'on tient compte de l'étendue et des ressources de nos colonies, de ce qui est à faire pour les mettre en valeur, et si on le compare aux sommes énormes que d'autres peuples, les Anglais surtout, ont placées dans la colonisation. Toutefois, en toutes choses, nous devons voir clair et ne pas nous laisser éblouir par les apparences.

Les Anglais ont toujours aimé faire grand, plus grand souvent qu'il n'est nécessaire. Leur procédé traditionnel d'exploitation coloniale, par grandes Compagnies à charte, ne pouvait d'ailleurs pas être pratiqué sans de vastes capitaux. Ceux-ci n'ont jamais fait défaut ; ils ont même afflué en dépassant souvent les demandes ; toutes les Compagnies existantes ont été dès leur naissance richement pourvues.

Les capitaux, en Angleterre, se sont toujours montrés aussi

patriotes, aussi « jingoës » que leurs propriétaires. Ils sont aujourd'hui aussi impérialistes. Ce furent les meilleurs auxiliaires des fondateurs de la plus grande Bretagne. Car il est remarquable que les marchands anglais, qui sont si pratiques, si réalistes dans leurs affaires, ne craignent pas de se laisser entraîner, d'aventurer leur argent dans les entreprises coloniales les plus hasardeuses, les plus démesurées, les moins rémunératrices. Il n'y a donc pas à s'étonner outre mesure de tout ce qu'a pu faire l'Angleterre, quand on voit la puissance financière d'un tel pays entièrement au service de l'idée coloniale. C'est ainsi qu'ont pu naître et se développer ces puissantes Compagnies de colonisation, presque souveraines, qui sont entrées pour une si grande part dans la vie extérieure de l'Angleterre ; trop puissantes même, quand on songe que, par suite de l'importance des intérêts et des personnalités qui les composent, elles sont souvent de force à entraîner un gouvernement aussi sage, aussi réfléchi que le Gouvernement anglais, dans les pires aventures. Nous avons tous présente à l'esprit la guerre actuelle, qui, à bien des égards, est due aux besoins et aux menées de la Chartered de M. Rhodes.

Sans trop insister sur le côté dangereux des Compagnies de colonisation, devons-nous regretter de n'avoir pas utilisé le même instrument pour la mise en valeur et l'exploitation de nos jeunes colonies ? Encore une fois, nous n'aurions pas eu besoin d'imiter l'Étranger. Nous n'avions qu'à reprendre les traditions de notre passé colonial, que l'on a ailleurs imité, et à donner aux anciennes Compagnies françaises des Indes, des Antilles et de la Louisiane, des petites-filles telles que des Compagnies de Madagascar, du Congo ou de la Guinée. On y a pensé : mais on a cru qu'on pouvait difficilement y réussir, parce que la création de grandes Compagnies aussi puissantes, d'organes aussi indépendants, a paru une chose inconciliable avec les prétendus grands principes de notre démocratie, et en tout cas incompatible avec nos mœurs politiques actuelles. D'autre part, l'échec très possible, dès le début, de l'une de ces Compagnies dans ce pays si impressionnable, si calomniateur et si vite découragé, eût porté sans doute, pour l'avenir, une funeste atteinte à la cause de la colonisation.

Dans la France contemporaine, il n'y a donc pas eu de grandes compagnies pour drainer les capitaux avec fracas et réclame.

C'est ce qui a fait croire que l'argent français était réfractaire à toute colonisation, et, en fait, il s'abstint pendant longtemps. Il ne faisait qu'attendre. Dès que nos colonies furent suffisamment connues, que l'inventaire de leurs ressources fut tant bien que mal établi, et que la nature des entreprises utiles qui pouvaient y être tentées put être pratiquement indiquée, on le vit sortir de sa réserve, entrer en discussion avec les créateurs d'affaires et accepter la plupart des propositions qui lui furent faites.

Je ne veux même pas parler ici des emprunts coloniaux, malgré le succès que vient de remporter l'un d'eux, celui de l'Indo-Chine. Ce sont là des opérations dont la réussite prouve sans doute la confiance que sont arrivées à inspirer nos possessions les plus lointaines, mais qui, dans l'esprit de la plupart des souscripteurs, ne présentent qu'un intérêt d'ordre financier, en leur offrant un placement sûr.

Je m'attache surtout à la colonisation, à l'exploitation directe des différentes ressources de nos colonies par des capitaux privés. Eh bien, dans cet ordre d'idées, depuis quatre ou cinq ans, nous assistons à une véritable floraison d'affaires. Chaque année un plus grand nombre de concessions agricoles sont demandées à l'administration ; toutes sont munies de capitaux suffisants. Des Sociétés commerciales ou industrielles se sont déjà fondées en grande quantité. Toutes promettent d'être prospères. Nous sommes à Lyon ; j'ai à peine besoin de dire que la plupart d'entre elles y sont nées. On peut assurer maintenant qu'il n'y a pas un homme sérieux, compétent et inspirant confiance, qui ne puisse arriver à se procurer le concours de capitalistes pour n'importe quelle entreprise coloniale modeste, bien étudiée.

Ce mouvement des capitaux vers les colonies était fatal. Il ne peut que continuer et même s'accélérer, à mesure que les colonies seront mieux connues. Seulement, voyez bien la différence. En

Angleterre, leur exode a été apparent et s'est fait par grandes masses, de façon à outiller tout d'un coup toute une colonie. En France, l'argent est plus timoré, et comme d'ailleurs il n'a pas trouvé tout de suite les immenses placements qu'auraient pu lui offrir de grandes Compagnies de colonisation, il s'est réservé et a attendu que des affaires déterminées vinssent successivement le solliciter. Il sort ainsi sans bruit, par « petits paquets », et ce procédé, ainsi qualifié, n'a dans l'espèce aucun désavantage, pourvu qu'il ait un champ d'application de plus en plus étendu. Il est bon même qu'il garde toujours la même prudence. Un exemple récent a prouvé en effet que, contrairement à ce que j'ai dit — mais la contradiction existe un peu dans tout ce qui est français — il est susceptible d'engouement et de témérité. Je ne vois pas effectivement sans appréhension le nombre des Sociétés qui viennent de se fonder en quelque temps pour l'exploitation de notre Congo français, et l'afflux inconsidéré, vers ces régions encore peu connues et peut-être surfaites, de capitaux considérables. En toute voie, même la bonne, il faut se garder de marcher trop vite, et se défendre des exagérations.

En terminant, je dois me réjouir de la place que nous avons prise dans le monde nouveau depuis vingt ans. Je ne prétends pas que tout soit parfait, et nous ne pouvons penser à nous reposer sur des lauriers dont la cueillette n'est pas encore faite. Il y a encore quelques lacunes à combler ; mais au point où nous en sommes, l'Etat est bien près d'avoir accompli sa tâche. S'il a encore quelques progrès à réaliser, quelques utiles mesures à prendre, c'est seulement en ce qui concerne la création de l'armée coloniale, l'amélioration du système douanier, l'organisation de la main-d'œuvre coloniale, la confection des grands travaux publics, lesquelles sont réellement de son ressort. Pour tout le reste, il faut que chacun vienne collaborer à l'œuvre commune ; il faut, au moins, que tous renoncent à opposer aux progrès accomplis et à accomplir, de sottes théories, de vieilles idées qui n'ont plus le sens commun.

A l'insu des beaux parleurs, les choses ont marché. La France, presque malgré elle, se voit aujourd'hui à la tête d'un empire colonial où tout commence à réussir. Cela est acquis, et on n'a pas le droit de le nier. Nous avons tous au contraire le devoir, si nous ne nous résignons pas à en tirer quelque fierté, de le constater et d'y trouver un encouragement pour progresser encore. Succès oblige.

On pourra me reprocher un peu trop d'optimisme, mais laissez-moi répondre par avance que l'optimisme me semble une grande grâce, et qu'il suffirait d'en jeter un peu à ce pays-ci et à notre ville pour leur rendre toute leur vigueur et toute leur prospérité. Pas de cet optimisme qui consiste à s'illusionner et à leurrer les autres par les faux dehors de la présomption, mais ce sentiment fécond qui fait les peuples forts en leur donnant conscience de leurs vraies forces.

Il ne manque à notre pays qu'un peu de confiance en lui. S'il croyait à son énergie, s'il savait seulement tout ce dont il est capable, tout ce qu'il accomplit, tout ce qu'on peut lui faire faire de grand et de bien, même sans qu'il s'en rende compte, son avenir serait encore bien glorieux.

Espoir, audace et *confiance* sont des fleurs devenues trop rares sous notre climat. Il n'y aurait pas de mission plus belle et plus féconde que celle d'en recouvrir de nouveau la terre de France.

ULYSSE PILA,
membre du Conseil supérieur des colonies,
membre de la Chambre de commerce de Lyon.

L'EXPANSION COLONIALE LYONNAISE

AVANT 1900

Lyon, quoique n'étant pas une ville maritime, a un passé colonial et surtout un présent colonial.

Il s'est, en effet, toujours intéressé aux questions d'expansion extérieure auxquelles le conviaient et son admirable situation sur une grande voie naturelle de relations internationales aboutissant à la mer, et l'immense négoce qu'il entretient depuis longtemps avec l'univers entier : commerce proprement dit d'entrepôt et d'intermédiaire dès son origine et aux siècles passés, puis, de nos jours, commerce appliqué principalement à la vente des produits de ses nombreuses industries, parmi lesquelles rayonne sa brillante et séculaire fabrique de soieries. Le Lyonnais, « cet être non pénétré, qu'on prend au sérieux mais qui inquiète comme l'inconnu....... et qui, tout en portant haut ses regards, s'entend à exploiter la terre[1] », en conformité à sa nature, qui est toute de contraste, ne se borne pas à l'attachement au sol natal où il exerce un opiniâtre labeur, il regarde au dehors ; il l'a fait autrefois, il le fait aujourd'hui plus que jamais, en suivant des traditions développées par la nécessité.

[1] M. Edouard Aynard, *Lyon en 1889.*

Cette tendance naturelle provient ainsi d'une tournure d'esprit innée, que Lyon, fille de Rome, a peut-être héritée de la grande colonisatrice du monde occidental, en l'alliant aux tendances de la race gauloise si prompte aux expéditions lointaines ; cette disposition provient aussi de l'abondance des capitaux lyonnais qui sont dans l'obligation de s'employer, de l'importance des industries d'exportation de la région, de la nécessité de recourir aux produits coloniaux pour de nombreuses industries, et même, dans une certaine mesure, pour l'alimentation d'une très dense population.

Cette région du Sud-Est est, en effet, unique à ce point de vue ; nous ne pouvons, dans ces pages restreintes, nous étendre longuement sur ce sujet ; toutefois, que l'on sache bien qu'il n'est pas de région en France utilisant tant de produits exotiques, et exportant pour un si gros chiffre. Marché des soies du monde, Lyon achète à l'étranger, en moyenne, pour 250 millions du précieux textile, provenant surtout de la Chine, du Japon, de l'Indo-Chine, de l'Inde, etc. Nous avons besoin, pour nos teintureries sans rivales, de nombreux produits végétaux croissant dans les chaudes régions coloniales : nos fabriques de pâtes alimentaires demandent leurs blés durs à l'Algérie, à la Tunisie ; nos tanneries, nos fabriques de gants font venir leurs peaux de ces mêmes régions qui nous alimentent aussi en laines, crins, fruits, légumes de toute espèce, qui nous fournissent encore les produits de leurs vignobles créés, en grande partie, par les capitaux lyonnais, et leurs lièges employés par notre important commerce de vins et de liqueurs. Nos stéariniers réclament les suifs étrangers, les côtes d'Afrique nous envoient les gommes, les huiles de palme et d'arachide, l'Inde et la Cochinchine nous expédient le riz, qui est d'un usage courant même dans nos campagnes. Nos usines de sparterie et les nombreuses papeteries de la région réclament à l'Algérie l'alfa, à nos côtes d'Afrique les fibres du cocotier, tandis que le caoutchouc brut vient dans nos usines se transformer pour mille emplois.

Les soieries, les dentelles et les broderies d'or et d'argent de Lyon, les rubans de Saint-Etienne, s'offrent sur tous les marchés du monde et alimentent les bazars de Tunis et de nos domaines africains. Les cotonnades de Thizy, de Roanne, de Villefranche, de Tarare et de Lyon habillent les nègres sénégalais, pénètrent dans toute la vallée du Niger et s'emparent du marché indo-chinois. Les couvertures algériennes sont fabriquées à Cours ou à Amplepuis. Nos chaussures s'exportent dans nos colonies, à Madagascar, en Indo-Chine. Nos machines et nos mécaniques assurent une main-d'œuvre puissante et perfectionnée aux colons, qui des ateliers lyonnais voient sortir les bateaux et chalands remontant leurs fleuves, les treuils, câbles, appareils d'exploitation, voies portatives, etc., employés par les entrepreneurs de travaux publics. Nos ateliers de bijouterie produisent d'agréables objets décoratifs, que les femmes des pays neufs apprécient aussi bien que leurs émules de la métropole. Nos feutres de chapellerie ne servent-ils pas à fabriquer tant de coiffures exotiques, que l'on croit indigènes, et qui ne sont que lyonnaises ? Ne devons-nous pas rappeler aussi, que nos vins des côtes du Rhône et de la Saône s'exportent pour rappeler aux Français d'outre-mer, sur les lointains rivages, le souvenir toujours vivant du sol natal ?

C'est depuis des temps relativement reculés, dès l'époque de la Renaissance, âge héroïque des grandes expéditions coloniales, que Lyon tient à s'associer aux préoccupations des régions maritimes qui les portent vers les mondes nouveaux.

Ainsi, en 1566, nous voyons les banquiers de Lyon mettre à la disposition des armateurs de Fécamp les sommes qui leur seront nécessaires pour équiper leurs vaisseaux et entreprendre de hardis voyages dans des contrées alors presque inconnues *(Archives de la Seine-Inférieure)*.

Un siècle plus tard, lorsque, en 1664, Colbert fit appel aux capitaux français pour fonder la Compagnie des Indes-Orientales, la ville de Lyon prit le premier rang parmi toutes les villes de France, en s'empressant de souscrire un million de livres (somme considérable pour l'époque), sur 10 millions qui étaient demandés pour ces entreprises toutes nouvelles.

Le premier port où la Compagnie des Indes établit un comptoir en 1667, fut Surate ; plus tard elle s'avança vers la partie méridionale de la côte de Coromandel et s'établit à Pondichéry. C'est un riche négociant de Lyon, intéressé dans la Compagnie et son agent aux Indes, le Sr Deltor, qui fonda cette ville devenue le chef-lieu des établissements français dans l'Indoustan. Notre compatriote avait, en effet, obtenu en 1674, de Ram Raya, souverain de Carnatt, la permission de bâtir des magasins dans ce lieu, où l'on ne voyait qu'un hameau composé de quelques cabanes de pêcheurs, au milieu d'une forêt de cocotiers. Il y établit un comptoir, forma une colonie française, et attira dans cette localité une peuplade d'ouvriers et de marchands indiens.

Deltor resta pendant douze ans le premier gouverneur de Pondichéry, qu'il fit prospérer.

Un administrateur de la Compagnie des Indes, dont les avis étaient, dit-on, fort appréciés par Colbert, a été également un riche négociant de Lyon, nommé Guéton, qui mourut à Ormuz, sur le golfe Persique [1].

Parmi les premiers et en même temps les plus illustres explorateurs lyonnais, il faut citer les trois frères de Jussieu (Antoine, Bernard et Joseph), ces novateurs qui, afin d'apporter à la science de la botanique des principes dont l'exactitude n'a pas été méconnue, ont entrepris tant de voyages pendant lesquels, en étudiant le monde végétal, ils ont pu découvrir les nouvelles richesses qu'il offrait et en populariser l'utilité pratique. On sait que Bernard de Jussieu fut, en quelque sorte, l'introducteur du caféier dans les colonies. Quant à Joseph, il accompagna Lacondamine dans ses grands voyages, et explora notamment toute la chaîne des Cordillères et le bassin de l'Amazone.

Mais au point de vue qui nous occupe spécialement, notre plus célèbre Lyonnais, le colonial par excellence, c'est Pierre Poivre, dont le nom, partout ailleurs que chez nous, souvent trop négligents de nos gloires, serait illustre. Né dans notre ville en 1719, il entreprend d'étonnants voyages en Chine, en Cochinchine, au Siam, à Java, en Birmanie, dans les Indes. Partout, suivant le véritable esprit lyonnais, ses observations minutieuses sont empreintes d'un caractère essentiellement pratique et s'appliquent principalement à l'agriculture et au commerce. Il coopère puissamment à introduire en France les procédés permettant de fabriquer les toiles peintes dont l'Inde possédait le monopole. Chargé d'une mission gouvernementale par Louis XV, il s'efforce d'ouvrir la Cochinchine et le Tonkin à nos négociants, il obtient du roi d'Annam, qui le comble d'honneurs, la liberté du commerce français dans ses États et l'établissement d'une factorerie, Faïfo, près de

---

[1] Discours de réception de P. Poivre à l'Académie de Lyon en 1759.

Tourane. Il est le précurseur de notre empire colonial indo-chinois, il a préparé des voies qui viennent d'être rouvertes, il a donné le premier exemple aux Lyonnais qui contribuent aujourd'hui si ardemment à exploiter l'Indo-Chine.

Après avoir parcouru les Antilles, les Philippines, Madagascar, le Cap de Bonne-Espérance, Poivre devient intendant de Bourbon et de l'Ile-de-France ; il assure la prospérité de ces îles en y introduisant la culture des épices, dont il parvient à enlever le monopole aux Moluques hollandaises.

Poivre fit école, un de ses neveux, né à Lyon en 1745, et mort à Paris en 1810, Jean Sonnerat, accompagna son oncle à Bourbon, le seconda dans son œuvre de mise en valeur de cette île, et fut chargé de missions scientifiques aux Seychelles (alors à la France), en Chine, aux Philippines, aux Moluques, jusqu'à Bornéo et en Nouvelle-Guinée, ainsi qu'à Madagascar. On a de lui des récits de voyages curieux, et surtout des travaux zoologiques et botaniques importants. Il s'est particulièrement occupé de l'étude des plantes à épices et de leur culture dans les colonies françaises, il a fait connaître les nombreuses variétés du muscadier, du giroflier, de l'arbre à pain, du mangoustan, etc. [1].

Sous le règne de Louis XVI, le comte Claret de Fleurieu, né à Lyon en 1758, fut ministre de la marine et prépara les voyages de découvertes de la Pérouse [2] et de d'Entrecasteaux, ainsi que les opérations de la guerre de sécession. Il entreprit des voyages dont il édita la narration, et il est l'auteur des *Découvertes des François en 1768 et 1769, dans le S.-E. de la Nouvelle-Guinée.*

Dans cet ouvrage, il décrit la Nouvelle-Calédonie, qu'il considère « comme susceptible d'offrir un asile et des ressources aux « voyageurs, si la fertilité de son sol et l'abondance de ses produc- « tions répondaient aux mœurs douces et au caractère hospitalier « de ses habitants. Mais une terre ingrate, desséchée par l'ardeur « du soleil, surchargée de montagnes et de rocs arides, suffit à peine « à la subsistance de ceux qui la cultivent.

« On a soupçonné que cette terre recèle dans son sein des miné-

---

[1] E. Chambeyron, *Lyon, voyageur et géographe.*
[2] Rappelons que Jean-André Mongez, né à Lyon en 1751, accompagna la Pérouse dans son dernier voyage et dut partager le triste sort de ce hardi marin.

« raux précieux. Ah ! s'il est vrai que la nature lui ait fait ce funeste
« présent, puissent ces heureux habitants ne le savoir jamais ! »

Les renseignements de notre compatriote ne paraissent pas être
très exacts sur l'île néo-calédonienne, qui est fertile, mais dont les
habitants ne sont pas dépeints comme des modèles de douceur, et ses
appréciations sentimentales sur le rôle des métaux précieux se
ressentent de l'époque où il les émettait.

Le Lyonnais Montucla a également accompagné Turgot à Cayenne
et a collaboré aux grandes opérations géodésiques de la fin du
xviiie siècle.

En 1792, parmi les députés que les colonies envoyèrent à l'Assemblée constituante, nous remarquons un Lyonnais, Lamiral, né à
Lyon en 1750, qui représentait la colonie du Sénégal où il avait dû
entreprendre des affaires.

Il nous faut citer après eux ce jeune tonnelier de la rue Luizerne,
Claude Martin, qui par son esprit de persévérance et d'audace,
parvint dans les Indes aux plus grands honneurs et aux fonctions de major général de la Compagnie des Indes. En 1800, lorsqu'il
meurt, il veut que sa ville natale profite de son immense fortune
acquise au loin, et il lui lègue les sommes nécessaires pour fonder
cette prospère école de la Martinière où tant de nos compatriotes
ont puisé un excellent enseignement professionnel.

Au commencement de ce siècle, de 1817 à 1828, un Lyonnais,
Legros, dont les talents de constructeur furent appréciés par
Radama Ier roi de Madagascar, a élevé à Tananarive plusieurs
palais, et notamment celui désigné encore sous le nom de Palais
d'Argent. C'est à lui que l'on doit l'introduction de la scie et de
divers outils parmi les indigènes malgaches[1].

Le colonel Sève, né dans notre ville en 1788, eut une carrière
analogue à celle du major Martin, mais c'est en Egypte, sur cette
terre que des traditions séculaires nous rattachent, qu'elle s'est
déroulée. Il devint généralissime des armées égyptiennes qu'il
organisa à l'européenne, et, sous le nom de Soliman Pacha, fut
associé aux victoires du kédive Ibrahim.

Un autre Lyonnais, J.-B. Ferrier, a été également un organisateur de l'armée persane, dont il devint général. Auteur d'une
histoire des Afghans éditée en 1840, après des voyages dans le

---

[1] *Revue mensuelle de Madagascar*, 19e livraison.

centre asiatique, il mourut fonctionnaire dans les établissements français de l'Inde.

Dans un autre ordre d'idées, nous devons rappeler que l'œuvre de la Propagation de la foi, cette colonisation des âmes, a pris naissance à Lyon en 1822, et qu'elle a couvert le monde de missionnaires sortis en grande partie de la région lyonnaise.

A ce même point de vue, notons que c'est à Lyon, en 1594, que les Missions étrangères faisaient imprimer leurs premiers comptes rendus ; de même la Propagation de la foi fait encore éditer en notre ville ses *Annales*, pour les éditions française, italienne et espagnole, répandues par tout le monde catholique. Un chapitre spécial de ce rapport est d'ailleurs consacré aux missions lyonnaises et à leur influence sur la colonisation.

Si nous nous rapprochons de l'époque présente, nous voyons que les Lyonnais ont été les premiers pionniers de l'Algérie, les chauds partisans du canal de Suez (dès 1847, la Chambre de commerce accordait une subvention de 5000 francs pour études préliminaires du canal), qu'ils ont enlevé à la toute-puissance de Londres le marché des soies de la Chine et du Japon, qu'ils ont mis en valeur de nombreuses propriétés en Tunisie, qu'ils ont enfin courageusement entrepris l'exploitation de notre nouveau domaine de l'Indo-Chine en y fondant des Docks, des Sociétés de transport, des Sociétés minières et agricoles, etc., et qu'ils ont peuplé ce pays de contre-maîtres et d'employés. Mais ce n'est pas seulement dans l'Indo-Chine que les Lyonnais portent l'intelligence, les capitaux et l'endurance d'une race vaillante, c'est sur les côtes d'Afrique, à Madagascar, où les sociétés lyonnaises d'exploitation ont surgi nombreuses au lendemain de la conquête, aux Antilles, en Océanie, etc. Le chapitre suivant exposera d'ailleurs, par des notes fournies par les colons eux-mêmes, les détails de quelques-unes des organisations coloniales lyonnaises.

Actuellement, Lyon continue de s'inscrire fièrement sur le livre d'or de l'expansion coloniale : nous citerons le lieutenant-colonel Marchand, que nous revendiquons pour nôtre, puisqu'il est né dans les environs, à Thoissey (Ain), et dont les hauts faits, à la tête de la célèbre mission du Congo-Nil, avec les circonstances pénibles qui les ont suivis, sont encore dans tous les cœurs français ; Charles de Chavannes, le collaborateur au Congo, pendant plusieurs années, de Savorgnan de Brazza ; Mizon, qui appartenait à une famille lyonnaise et a laissé le souvenir d'un vaillant qui a beaucoup étendu notre domaine vers le Tchad ; la mission Bonchamp, envoyée d'Abyssinie au-devant de Marchand, et qui a dû se retirer en présence d'obstacles insurmontables, comptait aussi un Lyonnais en la personne de M. Michel, assistant M. de Bonchamp.

L'Asie aussi a attiré nos compatriotes : Francis Garnier, qui a conquis le delta du Tonkin par des exploits héroïques, était de Saint-Etienne, c'est presque Lyon ; Jean Dupuis, ce hardi négociant, qui a préparé avec tant d'énergie notre intervention dans les affaires du Tonkin, est aussi de Saint-Etienne. L'Asie centrale et le Thibet ont vu Bonvalot, qui maintenant, par une honorable alliance, est des nôtres ; nous devons citer aussi Joseph Martin, né à nos portes, à Vienne, et mort à la peine à Marghelan (Turkestan russe) en 1892, notre jeune compatriote Mangini, qui a été le collaborateur de M. Chaffanjon dans le centre asiatique, et surtout M. E. Chantre, le distingué explorateur ethnologique du Caucase et de l'Arménie.

Mais il est temps de parler du grand corps lyonnais qui soutient et encourage si fermement la cause coloniale : nous entendons indiquer la Chambre de commerce de Lyon.

« Cette Chambre, en effet, comme le disait son président, M. A. Isaac à une grande réception coloniale, a toujours considéré comme un de ses meilleurs titres à l'estime publique, la fidélité qu'elle a vouée à la politique généreuse qui veut voir des Frances nouvelles surgir dans toutes les parties du monde, pour élargir les limites du territoire national et répandre partout les qualités du caractère français, dont nous prétendons être fiers, en dépit de nos faiblesses.

« Elle a toujours pensé que le commerce et l'industrie, dont elle est instituée la gardienne, auraient un champ d'action trop limité s'ils devaient restreindre leur activité au dedans de nos frontières continentales.

« Elle a toujours cru que la vie économique d'un grand peuple ne serait qu'une sorte de végétation sans honneur, si on ne lui donnait pas plus d'air et d'espace. »

Cette Chambre de commerce était déjà partisan de l'expansion coloniale à une époque où l'on ne s'en préoccupait guère ; prévoyant l'avenir et ayant l'intuition de ce que devait être un jour l'Algérie, elle est la première à applaudir à sa conquête. Au lendemain de la prise d'Alger, dès le 13 juillet 1830, elle envoie une adresse au roi pour exprimer sa vive satisfaction : « Organes des besoins du commerce, nous prenons, dit-elle, la liberté, sire, de signaler à votre royale attention les avantages précieux que ce même commerce pourrait retirer de l'établissement de comptoirs français sur le territoire d'Alger, et quels nouveaux débouchés pourrait offrir à nos manufactures la possession d'un pays qui nous ouvrirait l'accès de ce vaste continent d'Afrique, encore si peu connu et dont une complète exploration promet d'être si féconde en grands résultats. »

Quelques années plus tard, elle est une des rares Chambres de commerce qui aient vivement protesté contre les propositions d'abandon dont notre nouvelle conquête était alors l'objet, à raison de l'incertitude des résultats que l'on en pouvait retirer.

Nous tenons à reproduire la lettre qu'elle écrivait le 29 avril 1834 au Ministre du commerce et des travaux publics, et qui indique l'état des esprits à cette époque :

« Au moment où le Gouvernement et les Chambres paraissent se disposer à résoudre la grande et importante question de la colonisation définitive ou de l'abandon d'Alger, nous ne pourrions rester spectateurs indifférents d'une discussion qui doit décider du sort d'une si belle conquête.

« Quoique sans intérêt direct jusqu'ici, dans la possession de cette régence africaine, le commerce de Lyon n'hésite point à partager les espérances que les relations qui y ont été déjà formées par d'autres places en font concevoir pour l'avenir. C'est, il est vrai, un sol à fertiliser, et où longtemps encore peut-être la semence sera dispendieuse, mais une nation grande et puissante comme la France ne nous semble pas devoir s'arrêter à des considérations de cet ordre quand il s'agit de sa dignité et de son honneur.

« Il est un grand nombre d'autres motifs que nous pourrions invoquer à l'appui de notre opinion, mais déjà l'exposé en a été fait par d'autres organes qui possédaient sur cette matière des notions plus immédiates et plus complètes que les nôtres ; nous nous bornerons à y adhérer expressément et à former des vœux pour voir l'impression que nous en avons nous-mêmes reçue prévaloir définitivement.

« Qu'il nous soit permis cependant de manifester une sollicitude particulière à l'égard de ce que deviendrait notre conquête si la fatale résolution de l'abandonner était adoptée.

« La régence d'Alger ne peut désormais ou que rester française ou
être rendue à son existence nationale. Si c'était la dernière de ces
deux alternatives qui lui était réservée, il faudrait donc s'attendre à
voir un jour, et plus tôt que plus tard, le gouvernement déprédateur
détruit par nos armes victorieuses, sortir insolemment de ses ruines.
Les mers seraient donc de nouveau infestées par cette nuée de
pirates qui portaient jadis le ravage et la désolation sur nos côtes. La
civilisation délivrée du voisinage d'un repaire de forbans n'aurait
donc respiré un instant que pour voir se relever, presque avec notre
aveu, le règne de la barbarie et de l'esclavage. La chrétienté affran-
chie de honteux tributs n'aurait donc plus qu'à se préparer à les
acquitter encore. Enfin, le riche débouché qui s'ouvrait pour la
France sur le continent africain lui serait donc irrévocablement
refermé, et ces contrées, objet des explorations courageuses mais
généralement vaines jusqu'à ce jour de tant de voyageurs, ces
contrées, disons-nous, dont la possession d'Alger et de son territoire
permettrait d'espérer qu'elles cesseraient d'être impénétrables,
redeviendraient donc, pour jamais sans doute, interdites aux inves-
tigations de la science comme aux entreprises du commerce.

« Il est impossible que le Gouvernement n'ait pas envisagé la
question d'Alger sous tant de faces différentes, et dès lors on est auto-
risé à croire qu'il aura reconnu qu'à côté des charges que la conservation de cette régence impose temporairement à la France il
existe des avantages qui tendent de jour en jour à se réaliser, et qui
promettent une ample compensation à des sacrifices indispensables
mais passagers.

« Nous verrions toutefois avec plaisir, Monsieur le Ministre, que
vous voulussiez bien mettre sous les yeux du Roi nos vœux tou-
chant cette question, et que, dans la discussion qu'elle va faire
naître au sein des Chambres, vous eussiez la bonté de faire connaître
que l'opinion du commerce de Lyon est complètement en faveur de
la colonisation : dussions-nous avoir le regret de rencontrer en vous
une conviction opposée, nous aimons à ne pas douter que vous ne
refuserez point à ajouter cette manifestation de notre part à toutes
celles que l'annonce de la solution à laquelle nous touchons a néces-
sairement provoquée. »

En 1835, la Chambre de commerce renouvelle encore le même
vœu dans sa lettre du 9 avril, et réclame énergiquement « la conservation de la ci-devant régence d'Alger, avec tous les dévelop-

pements qu'elle est susceptible de recevoir et qui, convenablement appliqués, peuvent la porter à un si haut degré d'importance et de prospérité ».

En agissant ainsi, la Chambre ne faisait d'ailleurs qu'appuyer les intérêts des colons lyonnais, partis nombreux dès le début de l'occupation, et qui, pour que le Gouvernement ne les abandonnât pas, lui adressaient des pétitions dont une d'entre elles est reproduite au chapitre suivant.

La Chambre de commerce a toujours été très favorable au développement et à l'extension de l'Algérie, et elle s'est efforcée de tout son pouvoir de faciliter les négociations commerciales avec les pays de l'extrême Sud algérien.

En 1862, elle a été mêlée aux négociations entreprises par M. de Polignac avec les chefs touaregs, négociations qui sont encore la base des conventions invoquées aujourd'hui pour nous permettre l'accès du Sahara ne s'ouvrant à nos voyageurs que près de quarante ans ensuite de ces premières tentatives. Nous, croyons intéressant de présenter *in extenso* le procès-verbal de la séance tenue par cette Chambre le 24 mai 1862, à laquelle ont assisté les chefs touaregs, et où sont exposées les espérances que faisaient naître, tant au point de vue politique que commercial, ces négociations avec les peuplades sahariennes, négociations interrompues pendant un temps si long.

A l'ouverture de la séance, M. le Président expose qu'il a convoqué la Chambre extraordinairement à l'effet de recevoir la visite du cheik Si-Othman-Oued si-el-hadji-Béchir et de deux autres chefs de la confédération des Touaregs, qui ont demandé à être présentés à la Chambre pour l'entretenir d'une proposition concernant l'ouverture de relations commerciales avec l'Afrique centrale.

Les chefs touaregs sont introduits. Ils portent le costume arabe, avec cette particularité que des voiles noirs descendant du front vers le menton, et remontant du menton à la bouche, leur cachent entièrement le visage. Ils sont accompagnés de M. de Mircher, premier aide de camp de M. le Sous-Gouverneur de l'Algérie, et de M. de Polignac, officier du bureau arabe, de M. le Dr Varnier et de M. Henry Duveyrier, qui leur sert d'interprète.

M. le Président, après avoir invité les chefs touaregs à s'asseoir, prie M. de Mircher de vouloir bien expliquer à la Chambre l'objet précis de la conférence.

M. de Mircher commence par donner lecture d'une lettre adressée par la Chambre de commerce d'Alger à la Chambre de commerce de Lyon, de laquelle il résulte en substance, que les Touaregs habitent les vastes solitudes situées entre l'extrême sud du Tell algérien et les contrées soudaniennes, et qu'ils se trouvent ainsi commander les communications entre le nord et le sud de l'Afrique. A ce titre, ce sont des peuplades qu'il nous importe de nous attacher par les liens de l'intérêt, qui sont, à leur égard, les plus solides et les plus efficaces ; pour établir ces liens et ouvrir un courant d'échanges, un décret a concédé l'entrée en franchise, sur le territoire algérien, de tous les produits du Sahara, et autorise le transit à travers le même territoire de tous les produits étrangers propres à être importés dans ces contrées. Après de nombreuses négociations, cédant aux sollicitations du gouvernement colonial, des personnages influents du pays touareg sont venus visiter l'Algérie ; ils se proposent cette fois de visiter la France. Il s'agit de rendre ce voyage profitable aux relations commerciales avec la métropole et l'Afrique centrale. C'est pourquoi la Chambre de commerce d'Alger recommande au bon accueil de la Chambre de Lyon les chefs touaregs.

Après avoir donné lecture de la lettre de la Chambre de commerce d'Alger, M. de Mircher a présenté les observations suivantes :

Les Touaregs ne sont pas seulement maîtres de tout le pays qui sépare l'Algérie du Soudan, vaste et mystérieux marché qui ne compte pas moins de 50 millions d'habitants ; ils sont de plus les convoyeurs du désert, les conducteurs des caravanes, et en quelque sorte les commissionnaires véritables, offrant plus de sécurité qu'on ne se l'imagine communément ; M. Duveyrier, qui a fait récemment un long séjour chez eux, n'a eu qu'à se louer des bonnes dispositions qu'il a rencontrées et de la protection dont il a été l'objet de la part des chefs. Le gouvernement colonial voudrait, dans l'intérêt du commerce, utiliser ces bonnes dispositions, et essayer, par l'intermédiaire des Touaregs, intermédiaire forcé, ainsi que la Chambre de commerce d'Alger l'a fait avec raison observer, d'importer au Soudan des marchandises européennes, et d'en retirer les produits qui peuvent nous convenir. Il se proposerait, dans ce but, de faire partir de la frontière sud de l'Algérie, au mois d'octobre prochain, une expédition commerciale, ou, pour l'appeler d'un nom plus simple, une caravane, dont la conduite serait confiée aux Touaregs. A cette caravane le commerce remettrait les objets les plus propres à être placés au Soudan, d'après les indications que les Touaregs donneront pendant leur voyage. Au printemps prochain la caravane apporterait les produits naturels ou fabriqués, échangés contre les marchandises européennes.

Pour donner une idée des produits du Soudan, M. de Mircher présente à la Chambre divers produits dont les plus saillants paraissaient être des pièces d'étoffes fabriquées en coton grossièrement filé, teintes en bleu et en blanc, et formées au moyen de bandes cousues les unes aux autres. Ces bandes se détachent et servent, dans le centre de l'Afrique, d'appoint aux échanges.

La Chambre de commerce de Marseille, à laquelle les Touaregs ont été présentés, a promis son concours à l'expédition commerciale projetée sous le patronage du Gouvernement colonial. Les chefs touaregs espèrent que la Chambre de commerce de Lyon ne leur sera pas moins favorable. On est fondé à croire que quelques soieries d'un dessin approprié au goût des Soudaniens pourraient être vendues avec avantage dans l'Afrique centrale. On obtiendrait, en échange, outre les produits ordinaires d'exportation de ce pays, du coton et même, à ce qu'on dit, une espèce de soie particulière dont l'étude serait assurément intéressante.

En résumé, l'intention du gouvernement colonial, en faisant visiter la France aux Touaregs, a été de leur donner non seulement une idée exacte de la puissance de la France, mais encore de provoquer chez nos commerçants le désir d'ouvrir des relations avec le centre de l'Afrique, vastes contrées à peu près inconnues et qui peuvent devenir dans l'avenir un marché intéressant.

Pour cela, on a dû s'adresser aux Chambres de commerce, comme pouvant mieux juger de l'importance de l'expédition projetée. Il ne s'agissait pas d'ailleurs d'une opération lucrative pour laquelle on peut faire appel au commerce, et il serait bon que l'expédition commerciale projetée n'emportât pas que des marchandises, mais que des négociants intelligents et résolus en fissent partie. C'est pour la faciliter que le Gouvernement a prononcé la levée des droits sur les marchandises arrivant du Sahara et sur celles qui transiteront par l'Algérie pour y être expédiées. Il a même pris soin de faire établir des dépôts qui serviront de docks aux marchandises

qui devront être remises aux caravanes et à celles qui seront rap-
portées par elles.

M. le Dr Varnier, M. de Polignac et M. Henry Duveyrier présentent ensuite successivement des explications, au fur et à mesure
que des questions leur sont posées par les membres de la Chambre.

Le but de la proposition qui a motivé la visite des Touaregs
étant bien compris de la Chambre et les renseignements fournis
étant suffisants pour faire apprécier son utilité, M. le Président a
proposé à la Chambre de prendre immédiatement une résolution.

De conformité, la Chambre, considérant que la demande formulée
par les chefs touaregs intéressait l'avenir de nos relations commerciales avec l'Afrique centrale et ne pouvait que contribuer à
l'extension de l'influence française, décidait de mettre à la disposition de ces chefs touaregs, par l'intermédiaire de M. le Gouverneur
de l'Algérie, jusqu'à concurrence de 8000 francs, une certaine quantité de marchandises, notamment de soieries, destinées à être placées
dans l'Afrique centrale aux conditions qui seraient spécifiées par le
gouverneur de l'Algérie.

Mais le Gouvernement ayant malheureusement renoncé à la mission qu'il se proposait d'envoyer dans le Sahara, la Chambre ne put
utiliser dans le but projeté les collections d'échantillons qu'elle
avait réunis.

Toutefois, sans se décourager, elle continue d'encourager les
explorations africaines : en 1866, elle accorde une subvention
à M. Le Saint qui, précurseur en quelque sorte du colonel
Marchand, est envoyé par la Société de géographie de Paris pour
explorer l'Afrique équatoriale entre la région du haut Nil et la
colonie du Gabon ; en 1875, elle s'inscrit pour 5ooo francs sur la
liste de souscription ouverte pour permettre à un hardi explorateur,
Paul Soleillet, d'essayer de nouer des relations commerciales entre
l'Algérie et le Sénégal par les oasis du Touat (dont la principale,
In-Salah, vient seulement d'être occupée par nous aux derniers
jours de l'année 1899) et Tombouctou, tombé sous notre domination depuis plusieurs années.

Présumant créer des débouchés à l'industrie lyonnaise dans les
vastes régions congolaises que M. de Brazza a acquises à la France,
dès 1876, la Chambre de commerce expédiait à cet éminent explorateur des caisses d'échantillons de soieries. Se préoccupant toujours des relations commerciales à créer dans l'hinterland de l'Algé-

rie, elle subventionne M. Largeau qui, en 1876, proposait d'explorer le Sahara et notamment la région de l'Ahaggar. De nouveau, en vue de l'exploration du haut Congo, elle accorde 1000 francs à M. Victor Girard, un de nos compatriotes, qui a l'intention de se rendre dans ces régions alors si peu connues.

Le Tonkin est conquis et l'Indo-Chine française est créée ; ces populeuses régions, aux productions variées, préoccupent immédiatement, comme nous l'avons dit, les Lyonnais, ardents à en commencer l'exploitation ; mais il faut savoir ce qu'il faut y faire et ce qu'on en peut espérer. De même qu'en 1865 elle avait déjà chargé M. Bonnevay du soin de se rendre compte de la valeur de la Cochinchine, la Chambre de commerce de Lyon se hâta, en 1884, de confier à un de nos compatriotes, M. Paul Brunat, qui résidait en extrême Orient, la mission d'explorer commercialement nos nouvelles acquisitions asiatiques. Les renseignements recueillis dans cette mission, qui coûta plus de 15.000 francs à la Chambre, firent l'objet d'un rapport spécial qui a été publié.

Dans le même ordre d'idées, en 1889, la Chambre de commerce fait une réception solennelle au prince Mien-Trien, oncle de l'empereur d'Annam, et à la mission annamite qui visitent la France ; en 1891, elle reçoit en séance spéciale M. de Lanessan, nommé gouverneur général de l'Indo-Chine, et qu'il était indispensable de mettre au courant des entreprises lyonnaises existant déjà dans la colonie.

Mais son attention se porte également sur d'autres régions, et, en parcourant ses annales, nous constatons qu'en 1891-1892 le Congo a la visite d'un de ses délégués, M. Schrimpf, qui revient muni d'intéressants renseignements. La Chambre reçoit également, en 1892, M. Ch. Rouvier, au moment de son départ en qualité de Résident général pour la Tunisie, où se développent tant de créations lyonnaises. Elle noue des relations avec le regretté Mizon, lui fournissant des échantillons lors de son exploration des régions nigériennes, en 1892, et elle est heureuse d'offrir au commandant Monteil un exemplaire de sa médaille, en mémoire du hardi voyage de Saint-Louis à Tripoli par le Tchad. Entre temps, elle prend une délibération en vue du chemin de fer de Biskra à Ouargla (1893), et elle devient un des fidèles souscripteurs de l'Union coloniale française, de l'Afrique française et, plus tard, du Comité Dupleix, ces courageuses créations de l'initiative privée, qui ont tant fait pour la cause coloniale de notre pays, trop enclin à tout attendre du pouvoir gouvernemental.

En 1894, Lyon organisait au Parc de la Tête-d'Or, une grande Exposition universelle ; on pensa immédiatement qu'une exposition coloniale annexe devait en être la dépendance naturelle et nécessaire : la renaissance inespérée de notre empire colonial, les préoccupations du public qui se portaient avec un enthousiasme extrême vers nos domaines d'outre-mer, le succès obtenu en 1889, à Paris, par la section coloniale, étaient les motifs généraux qui militaient en faveur d'une exposition de cette nature. A ces raisons venaient s'ajouter celles que nous avons déjà exposées et qui provenaient des tendances innées des Lyonnais et des nécessités commerciales de leur industrie vers les pays d'outre-mer. Une exposition coloniale s'imposait donc, mais sous quelle forme devait-on la présenter ?

Souvent, jusqu'à ce jour, les sections consacrées aux colonies dans les diverses expositions étaient surtout occupées par la partie pittoresque, le côté pratique, utilitaire, commercial, étant peu développé. En outre, on n'avait jamais entrepris une exposition coloniale sous le double aspect qu'elle doit présenter, à savoir l'utilité réciproque que la métropole et les colonies peuvent retirer l'une de l'autre en échangeant leurs produits. On savait, tant bien que mal, ce que la colonie fournissait, ce qu'elle pouvait vendre, et on ignorait ce qu'elle consommait, ce qu'elle pouvait acheter. On pensa qu'à une époque de concurrence acharnée telle que la nôtre il convenait non seulement de permettre à la colonie de trouver de nouveaux marchés pour ses produits, mais encore de faciliter à la métropole les nouveaux débouchés pour les articles manufacturés destinés à supplanter les produits de l'étranger.

On décida, en conséquence, que chaque colonie exposerait, sous un volume important, les échantillons des articles manufacturés étrangers qu'elle consommait, afin de permettre aux négociants français de s'instruire et de constater, de visu, s'ils ne pourraient prendre la place des concurrents étrangers en fournissant des articles pareils et à aussi bon compte. Ce fut là le côté vraiment original (c'est pourquoi nous y insistons) de l'exposition coloniale de Lyon, et qui en fit une exhibition unique jusqu'à ce jour, véritable leçon de choses pour nos industries du Sud-Est. C'est ce principe nouveau qui a aussi présidé à l'organisation de la section coloniale de l'Exposition universelle de Paris en 1900.

Mais il fallait cependant que ce tableau pratique eût un cadre d'une réelle valeur, afin d'attirer le plus possible les intéressés et la foule en forçant leur attention. On devait obtenir l'adhésion des gouvernements coloniaux, en demandant aux principaux d'entre eux un large concours permettant d'assurer la représentation complète des grandes colonies ; on ne pouvait se contenter des expositions individuelles des colons qui n'étaient susceptibles, malgré leur intérêt, que de donner une idée insuffisante et morcelée des ressources coloniales : il fallait des expositions officielles, des édifices spéciaux à chaque région, en offrant aussi aux colons de se mêler à leurs concurrents métropolitains et étrangers.

Tel était l'intéressant programme qu'il convenait de remplir et dont l'exécution n'était point sans présenter de nombreuses difficultés. On ne pouvait songer à la confier à d'autres qu'à la Chambre de commerce de Lyon, qui était toute désignée pour ce programme, dont la conception, d'ailleurs, lui revenait en entier. Il fallait en effet un pouvoir organisateur tel, qu'il pût donner à la section coloniale ce caractère d'utilité commerciale, présenté cependant sous une forme élevée et artistique, en employant l'influence d'un grand corps officiel qui permettait d'obtenir le concours de collaborateurs indispensables.

Cette tâche difficile, qui nécessita de nombreux efforts, au milieu d'une foule de questions à traiter et à résoudre, put être menée à bien. Sous la vive impulsion du commissaire général désigné par la Chambre, M. Ulysse Pila, qui a tant fait pour la cause des colonies, la section coloniale de l'Exposition lyonnaise fut une des plus brillantes : aidée par le concours de la ville de Lyon et de l'entreprise générale de l'Exposition, la Chambre de commerce put édifier de véritables palais sur les rives du lac de la Tête-d'Or : celui de l'Algérie, qui reproduisait le palais de Mustapha, et qui avait une annexe considérable consacré à l'Art oriental sous toutes ses formes, celui de la Tunisie, celui de l'Indo-Chine, enfin le palais dit de l'Afrique occidentale, où figuraient également d'autres colonies.

Le succès de cette Exposition permit de se rendre compte de l'intensité de l'effort que la Chambre de commerce de Lyon n'avait pas craint de soutenir en organisant une exposition de cette nature, exposition qui fut la première tentative de ce genre se présentant avec une pareille ampleur. On peut même dire que c'était la première tentative de la démonstration véritablement pratique et commerciale de la valeur de notre empire colonial.

La Chambre a publié en 1895 un volume très documenté, illustré avec art et consacré à cette Exposition.

Depuis cette époque, la Chambre de commerce n'a cessé de se préoccuper de toutes les questions coloniales, accordant quelques encouragements moraux ou pécuniaires, fournissant des échantillons, s'intéressant à tous les efforts faits pour secouer les vices d'une éducation trop casanière. En 1895, elle a reçu solennellement M. Rousseau, trop tôt enlevé au gouvernement de l'Indo-Chine, et elle a montré à Li-Hung-Chang notre valeur industrielle en lui ouvrant les portes des usines lyonnaises.

Enfin, au lendemain du traité de Simonosaki, elle organise cette mission lyonnaise d'exploration commerciale en Chine qui a eu un si grand retentissement dans le monde commercial et dont, sans l'avoir préparé, le côté politique n'a certes pas été sans valeur. La Chambre comprenait, en effet, qu'il fallait que la France arrivât bonne première dans cette course des nations vers les marchés chinois, et qu'elle prît sa part légitime dans les espérances que faisait concevoir l'ouverture du Céleste-Empire aux nations civilisées. A cette occasion, il convient de rappeler que, lors d'une mission analogue en Chine, organisée officiellement en 1843 sous la direction de M. de Lagrenée, un des membres les plus distingués de cette mission avait été un de nos compatriotes, M. Natalis Rondot.

En collaboration des Chambres de commerce de Marseille, Bordeaux, Lille, Roubaix et Roanne, la Chambre de Lyon envoyait donc en 1895, sous la direction, d'abord de M. Rocher, ancien consul à Mongtzé, puis de M. Henri Brenier, ancien élève de l'Ecole des hautes études commerciales, douze jeunes gens représentant des spécialités commerciales et industrielles définies qui, après avoir visité le Tonkin, parcoururent, pendant près de deux ans, les régions occidentales de la Chine propre, ayant pour objectif principal la grande ville de Tchung-King et son importante région. Les provinces du Yunnan, du Se-tchuen, du Kouang-si, du Koueï-tcheou, du Hou pei et du Kouang-tong firent particulièrement l'objet d'études spéciales, tant au point de vue de la production naturelle ou industrielle, des ressources minières, des routes et des courants commerciaux, que des débouchés pour les fabriques européennes. Les principaux ports furent également visités depuis Tien tsin jusqu'en Birmanie.

A leur retour, ces missionnaires commerciaux ont été solennellement reçus par la Chambre de commerce, le 27 novembre 1897, dans une séance spéciale, sous la haute présidence de M. A. Lebon, ministre des colonies. Quelques jours auparavant, M. Félix Faure, président de la République, avait lui-même tenu à se les faire présenter à Rambouillet, par M. E. Aynard, président de la Chambre, député du Rhône, et par M. Ulysse Pila, commissaire délégué de la mission, qui en avait été l'inspirateur et qui ne cessa de lui prodiguer son zèle et sa constante vigilance.

Les résultats de cette mission, accompagnés de nombreux rapports, documents, cartes, photographies, etc., ont été consignés dans une très importante publication qui a été hautement appréciée de toute part. La Société lyonnaise indo-chinoise s'est formée ensuite des renseignements rapportés, et a pour objet l'exploitation commerciale de l'Indo-Chine et de la Chine.

Poursuivant ses idées bien arrêtées sur la nécessité de l'expansion coloniale, la Chambre de commerce a pensé que rien ne pouvait mieux leur permettre de prendre corps sous une forme sérieuse et véritablement pratique, que de préparer le recrutement de sujets initiés à la vie coloniale et munis de toutes les connaissances nécessaires. Ce ne sont pas, d'ailleurs, les candidats désireux de s'expatrier qui manquent aujourd'hui, ils sont au contraire excessivement nombreux ; par malheur ils sont très peu préparés, comme il a été dit dans le chapitre d'introduction. Aussi, nous rappelons qu'afin de mettre l'enseignement supérieur de la colonisation, avec des données pratiques, à la disposition de nos compatriotes décidés à s'établir aux colonies, la Chambre a créé au Palais du Commerce, depuis le mois de novembre 1899, un enseignement colonial complet comprenant quatre cours, savoir : histoire et géographie coloniales, productions et cultures coloniales, hygiène et climatologie coloniales, enfin cours supérieur de langue anglaise.

Un cours de langue chinoise, subventionné par le gouvernement général de l'Indo-Chine, a été également organisé et a été ouvert en janvier 1900. Un cours de langue arabe est aussi projeté.

Tous ces cours sont publics, mais ils comprennent également des élèves inscrits qui sont astreints à l'assiduité, à la rédaction de notes, et peuvent recevoir, à la fin de l'année, un certificat d'études.

Enfin, pour compléter cet enseignement, la Chambre a commencé à poser les bases d'un *musée colonial* où figureront les spécimens des produits coloniaux.

Cet exposé du rôle de la Chambre de commerce de Lyon, dans ces questions si vastes et si complexes se rattachant aux colonies, démontre, sans conteste, que ce corps commercial exerce une véritable influence dans l'expansion coloniale ; aussi, quoique représentant une circonscription éloignée des ports maritimes, tient-il une place des plus honorables parmi ceux qui, en présence de la surproduction intellectuelle et matérielle des nations occidentales, se sont fait un véritable devoir de faciliter l'accès des débouchés nouveaux.

L'état du monde est tel et la marche qui l'entraîne est si rapide, que bien aveugles seraient ceux qui, se couvrant les yeux pour ne pas voir les transformations futures, négligeraient d'assurer à notre chère France les champs d'activité que doivent lui assurer un glorieux passé et les réserves de forces vives qu'heureusement elle possède encore.

V. PELOSSE,
Secrétaire-adjoint de la Chambre de commerce.

L'EXPANSION COLONIALE LYONNAISE

EN 1900

Dans le précédent chapitre, on a eu l'intention de présenter un rapide exposé historique de la colonisation lyonnaise; poursuivant notre étude, nous désirons consacrer ce chapitre à l'œuvre de la colonisation actuelle, indiquer les résultats que nos compatriotes ont pu obtenir, en exposant, avec plus ou moins de détails, leurs efforts, l'organisation de leurs entreprises, leurs succès souvent, leurs peines toujours.

Afin de rendre cette étude aussi complète que possible, nous avons, grâce en partie à l'obligeante entremise des gouverneurs coloniaux, essayé de dresser une liste, non pas de tous les Lyonnais établis aux colonies, ce serait chose impossible, mais de ceux qui y possèdent une entreprise agricole, commerciale ou industrielle de quelque importance, rentrant dans la colonisation proprement dite. Nous avons ensuite engagé ces compatriotes à nous fournir une note sur leurs entreprises, en vue précisément du présent chapitre. Ces notes, malgré nos efforts répétés, ne nous sont parvenues qu'en nombre relativement restreint; elles suffisent néanmoins pour donner des types assez exacts des entreprises tentées, notamment en Algérie, en Tunisie, en Indo-Chine, à Madagascar et dans quelques autres colonies.

Ces notes sont ou reproduites *in extenso*, ou abrégées par nos soins : nous avons tenu à leur laisser le plus possible leur caractère personnel. On comprendra le motif qui nous a engagés à agir ainsi ; il était, en effet, infiniment préférable de ne pas s'attacher à une vaine unité littéraire, afin de posséder de véritables documents souvent fort bien rédigés, quelquefois un peu naïfs, mais vrais. Ce n'est pas, au surplus, pour célébrer le seul mérite de la colonisation lyonnaise, que nous introduisons ici cette section, nous pensons que tous les coloniaux peuvent y recueillir de très utiles renseignements basés sur l'expérience : en effet, si le précédent chapitre a été de la colonisation historique, celui-ci est de la colonisation vécue.

Nous ferons nos divisions par colonies, en indiquant les noms des Lyonnais y possédant des établissements de quelque impor-tance, même lorsque nous ne pourrons fournir de renseignements sur eux.

ALGÉRIE

Comme nous l'avons déjà dit, les Lyonnais ont joué un rôle important dans la colonisation algérienne ; actuellement encore, de vastes propriétés, d'importantes entreprises sont entre leurs mains. Dès les débuts de l'occupation, nos compatriotes, attirés dans notre nouvelle colonie, sur laquelle des renseignements assez contradictoires et souvent inexacts étaient fournis (on pensait alors que l'Algérie pourrait fournir à la métropole les produits des tropiques, tels que le café, le coton, la canne à sucre, etc.), nos compatriotes, disons-nous, n'hésitèrent pas à franchir la Méditerranée et à tenter fortune sur ce sol arraché à la barbarie turque.

A titre de document, nous croyons intéressant de reproduire *in extenso* la lettre adressée en 1835 à la Chambre de commerce de Lyon par la Commission nommée par la Société des colons lyonnais.

« Messieurs,

« Les habitants de Lyon qui ont acquis de la propriété à Alger viennent, à l'imitation de ceux de Marseille et de Paris, de se réunir en Société coloniale, afin de seconder, par leurs efforts réunis, les vues du Gouvernement relatives à la colonisation de la Régence.

« Cette Société nous a chargés d'être son organe et de vous prier de vous intéresser à cette colonisation qui promet de si grands avantages à l'industrie française et au commerce de notre cité.

« La conquête d'Alger a fait disparaître de la Méditerranée ces pirates qui l'ont infestée pendant plusieurs siècles et qui causaient au commerce en général des craintes continuelles et de grands dommages.

« La colonisation de la régence fait espérer de plus grands avantages à toutes nos villes industrielles.

« Indépendamment de la gloire réservée à notre gouvernement d'étendre la civilisation à cette contrée de l'Afrique habitée autrefois par les Maures, occupée maintenant par des tribus que la domination turque a rendues faibles et peu nombreuses, une voie nouvelle est ouverte à la prospérité de notre industrie.

« Nos ateliers attendent de la culture d'un sol fertile, les matières premières qui nous rendent tributaires de l'Amérique et de l'Asie méridionale, et à la production desquelles notre climat se refuse.

« D'autres objets importants, dont la France ne peut suffisamment approvisionner nos manufactures, seront fournis abondamment par la régence colonisée. Ainsi nous en tirerons du coton, de l'indigo, de la soie, des laines, de l'huile, et probablement du sucre et du café, choses pour lesquelles une grande quantité de numéraire est exportée chaque année

« La plupart de ces produits, mis en œuvre et convertis en étoffes dans nos manufactures, trouveront un nouveau débouché qui s'étendra comme la colonie si rapprochée de la France

« Lyon, ville manufacturière, Lyon placée sur la route qui lie Alger au nord de la France et de l'Europe, en retirera un double avantage, et s'il est vrai que sa fabrique d'étoffes de soie lui soit ravie en partie, elle sera dédommagée par les produits que versera continuellement dans son sein la Colonie. C'est elle qui les mettra en œuvre, ou qui les transmettra aux autres villes manufacturières ; ainsi elle verra son industrie s'accroître sous de nouveaux rapports.

« L'avenir de notre cité se lie donc, de toutes manières, au succès de la colonisation.

« Depuis que le Gouvernement s'est prononcé sur la conservation d'une glorieuse conquête, la colonisation marche plus rapidement et d'un pas plus assuré. Une administration régulière y a rétabli l'ordre et l'organisation de la justice y protège tous les intérêts ; déjà les produits de la Douane et de l'Enregistrement se sont considérablement accrus et s'élèvent à plusieurs millions.

« Dans ce moment de grandes compagnies s'organisent : les unes pour y envoyer de nombreux cultivateurs, les autres pour multiplier les communications par des bâtiments qui partiront régulièrement de Marseille.

« A mesure que la population s'accroîtra, elle s'organisera pour la défense, et la dépense de l'État diminuera chaque année.

« D'autre part, à mesure que les productions du sol s'accroîtront, le Trésor public en retirera plus de bénéfice, il recouvrera ses avances et plus tard sa recette dépassera de beaucoup sa dépense.

« Pourquoi faut-il qu'à chaque discussion du budget, des doutes émis sur la colonisation viennent paralyser les efforts du Gouvernement et inspirer aux colons la crainte de perdre le fruit de leurs travaux. Ces doutes n'arrêtent-ils pas et les hommes que l'on voudrait y envoyer pour peupler la colonie et les capitaux que les colons y destinaient ?

« Quelque louables que soient les motifs d'économie qui font émettre ces doutes au sein de la représentation nationale, nous n'en déplorons pas moins le résultat qui éloigne sans cesse le moment où le Gouvernement et les colons seront amplement dédommagés.

« Il en est de cette belle entreprise, considérée seulement sous le point de vue commercial, comme de celle des canaux et des routes nouvelles qui demandent de grands capitaux, mais qui accroissent les fortunes privées et la fortune publique.

« Celle-ci réunit encore un but moral d'un ordre bien plus élevé, nous voulons parler de la civilisation de l'Afrique, œuvre glorieuse réservée à notre France actuelle.

« Comment empêcher que le doute funeste qui nous attriste se renouvelle chaque année dans la discussion du budget ?

« Nous ne connaissons qu'un moyen :

« C'est une mesure législative favorable à la colonisation, qui en confie le soin à la sagesse du gouvernement, et qui ranime les espérances des colons dont les prudents efforts seront le plus puissant auxiliaire. Alors ce beau sol d'Afrique se peuplera plus rapidement et se couvrira des productions qui alimenteront nos fabriques, les produits de la douane s'accroîtront, le sol productif sera imposé, et notre marine, stationnaire en temps de paix, sera exercée, réunie et prête au besoin.

« Ces considérations nous portent à vous prier, si vous les croyez justes, Messieurs les membres de la Chambre de commerce, d'adresser au Ministère le vœu de la conservation de la colonie et d'une mesure législative qui dissipe tous les doutes qui pourraient s'élever. Déjà un vœu semblable a été émis par les Chambres de commerce de Nîmes et de Marseille.

« Forte de l'opinion émise par la Chambre de commerce de Lyon, placée si haut dans l'opinion publique, nous prierons nos députés de défendre la cause de la colonisation dans la discussion qui ne tardera pas à s'ouvrir.

« Nous avons l'honneur d'être, avec la plus haute considération, vos dévoués concitoyens.

« *Signé* : F. Burnoud aîné ; Vouillemont F., *secrétaire de la Commission ;* Gallaz ; Trolliet, *président de la Commission ;* Baumer ; Decasse-Miège et Cie ; N. Peillieux ; A. Vouillemont F. ;L. Chabal ; L. Bonand ; A. Pasquier ; Jacquet fils ; Calelier, architecte ; F. Garnier ; Dumazeaud ; F. Colondre ; Jacquet. »

Il est intéressant de connaître ainsi les noms de quelques-uns de ces premiers colons lyonnais, qui aujourd'hui sont si nombreux dans les trois départements algériens. Au dernier recensement de 1897, le Rhône figure au 7e rang parmi les départements possédant des *natifs* en Algérie (3254), et en y comprenant les autres départements de la région lyonnaise (Ain, Saône-et-Loire, Loire et Isère), on compte 10.709 habitants de l'Algérie *nés* dans cette région, mais le nombre des Lyonnais *d'origine* est infiniment plus considérable.

Ensuite des renseignements que nous avons pu recueillir, nous reproduirons ci-après, par département, la liste des Lyonnais possédant aujourd'hui des exploitations agricoles ou industrielles de quelque importance :

Département d'Alger.

Feyeux Pierre-Marius, à Baba-Hassen, viticulteur.
Tallon Joseph-Marie, à Birkadem, viticulteur.
Chappelle Alexandre, à Birkadem, viticulteur.
Brossette, à Blida, exploite une ferme de 200 hectares.
Franc Anatole, à Blida, exploite une ferme de 60 hectares.
Arlès-Dufour Armand, à Dély-Ibrahim, et Oued-el-Alleug, exploitations agricoles.

GARNIER Joseph, à Dély-Ibrahim, exploitations agricoles.

CHAGNY Jean-Pierre, à Douéra, viticulteur.

PRENAGUTTI Etienne, à Douéra, viticulteur.

Mᵐᵉ VEUVE DEYRIEUX, à Gouraya, exploitation agricole.

DÉSARBRES, à Koléa, viticulteur.

FAIZANT François, à Koléa, viticulteur.

PROTON Auguste, à Koléa, viticulteur.

RÉVELIN Gaspard, à Kouba, exploite une importante briqueterie.

VERLAGUET Marius, à Kouba, viticulteur.

BROGAT Pierre, à Ouled-Fayet, exploitation agricole.

MALLEVAL Pétrus, à Palestro, exploitation agricole.

TRONCY Thomas, à Saoula, exploitation agricole.

CARAS-LATOUR Marius, à Staouéli, viticulteur.

NINET Jean-Louis, à Staouéli, viticulteur.

PARIS Auguste, à Sidi-Ferruch, viticulteur.

CHATELARD Joseph, à Aïn-Bessem, exploitation agricole et élevage.

TUREL Joannès, à Marceau, viticulteur.

MAZOYER Moïse, à Villebourg, viticulteur.

GOBET père et fils, à Thiers, forgerons.

PERET, à Ben-Chicao, exploitation agricole.

NEUSTRASIE, à Loverdo, viticulteur.

DUPOIZAT Augustin, à Lodi, viticulteur.

SALLES André, à Bou-Medfa, exploitation agricole.

ROUCHOUSE père et fils, à Kherba, exploitation agricole.

JENOUDET, à Margueritte, propriétaire viticulteur.

DESCHELUS et CHUZEVILLE, à Tizi-Ouzou, exploitent une usine à huile.

BAUSC Ludovic, à Bouffarik, agriculteur.

BROSSETTE, à l'Arba, agriculteur.

LACROIX Maurice, à Littré, agriculteur.

GOYNE Antoine, à Tamda, exploitation agricole.

Département de Constantine.

CHATILLON Pierre-Claude, rue Nationale, 25, Constantine, négociant.

CHEVASSIEUXAntoine, rue Nationale, 2, Constantine, marchand de tabacs.

LAURENT Charles, rue du 17ᵉ Léger, Constantine, fabricant de glace artificielle.

MOUCHON Benoît-Marie, rue Caraman, Dar-El-Bey, Constantine, négociant.

TRUCHET Jean-Michel, route du Séminaire, Constantine, propriétaire-
agriculteur.

Rivoire Pierre, village d'El-Haria (commune du Kroub), agriculteur.

Perrin Philibert, Hamala (commune de Grarem), agriculteur.

Delorme Antoine, Ouled-Aréma (Oued-Seguin), propriétaire d'une exploitation agricole de 1800 hectares.

Niolon Joseph, Rouffach, propriétaire agriculteur.

Perrin Louis-François, Bône, marchand de matériaux de construction, possède une propriété de 25 hectares à Saint-Joseph (commune des Beni-Salah).

Carrot Alexis, Duvivier, agriculteur à Bou-Zitoun (Duvivier).

Dausson Claude, Duvivier, agriculteur à Aïn-Tahamimim (Duvivier).

Deyme Lucien, Mondovi, agriculteur à Mondovi (a fondé le vignoble de la ferme Gazan).

Corcelet Emile, Randon, exploite à Randon une ferme de 135 hectares.

Besse Claude, Constantine,
Teillard Francisque, Lyon, } Possèdent à Randon une propriété de
Ferrand Louis, Paris,   987 hectares qu'ils font gérer.
Guillot Mathurin, Paris,

Pinguely, Montmerle (Rhône), possède une propriété à l'Oued-Marsa.

Comtesse du Sablon, château de Claveisolles (Rhône), possède une propriété à l'Oued-Marsa.

Ville frères, manufacturiers à Cours (Rhône), possèdent une propriété à l'Oued-Marsa.

Dr Rebatel, Lyon, possède une propriété à l'Oued-Marsa.

Poizat, manufacturier à Cours (Rhône), possède une propriété à l'Oued-Marsa.

Sonnery-Martin, ex-député du Rhône, possède une propriété à l'Oued-Marsa.

Ferrouillat frères, Lyon, } Possèdent des propriétés à l'Oued-Marsa
Jullien Francisque, Lyon, } (Bougie).

Girard, Ecully (Rhône), propriétaire à Taher.

Pepin, Lyon-Montchat, propriétaire à Taher.

Neyret François, Ref-Ref (Col-des-Oliviers), agriculteur.

Roux Antoine, Jemmapes, agriculteur.

Schmitt Georges, Philippeville, brasseur.

Rivière Claude, Aïn Zouit (Stora), agriculteur.

Thomas Elisée, Héliopolis, agriculteur.

Thomas Anselme, Héliopolis, céréales et vignes.

Thomas Jules, Héliopolis, céréales et vignes.

Seguin Marc, Petit, huilerie (grand agriculteur).

Guy Henri, Petit, gérant d'un vignoble de 80 hectares appartenant à MM. Bourpoint-Buisson et Cie.

Roméas Adrien, Tocqueville (Rhiras mixte), agriculteur.

Petit père et fils, Bordj-Rdir (Maadid mixte), entreprises commerciales
   et agricoles.

Fournier Jean-Marie, Lecourbe, agriculteur.

Vivier Pierre, route de Sétif, Constantine, propriétaire de terres et vignes
   à Constantine et à Condé-Smendon.

Département d'Oran.

Mathiss, propriétaire, Pélissier.

Maurice Amédée, cultivateur, Mercier-Lacombe.

Reliaud Alexis, propriétaire, Mercier-Lacombe.

Hayn Charles, minotier, Prudon.

Gavillon Jean, propriétaire, Sidi-Bel-Abbès.

Laforêt Julien, propriétaire, Sidi-Bel-Abbès.

Pitron Jean-Louis, propriétaire, Sidi-Bel-Abbès.

Lardet, cultivateur, Tassin.

Chagny Philibert, cultivateur, Ténira.

De Bouvier de Cachard (Gustave), propriétaire, Sainte-Barbe-du-Tlélat.

Rivol Marius, agriculteur, Tatfaman (Aïn-Fezza mixte).

Milson Louis, agriculteur, Oulhassa Gharaba (Renuhi mixte).

Après la publication de cette liste succincte, nous allons reproduire les notices qui nous ont été fournies par un certain nombre
de ces colons ou industriels, en regrettant toutefois que d'importantes exploitations ne nous aient pas adressé de documents.

LE CENTRE DE COLONISATION LYONNAISE
DE LA RÉGION DE BONE

LA FERME DE GAZAN

Domaine vignoble créé en 1883 par M. Lucien Deyme, faisant actuellement
partie des exploitations de la Société agricole lyonnaise du nord de l'Afrique,
au capital de 1.500 000 francs.

I. — Vers la fin de l'empire, M. Frédéric Nicolas, de la maison
de banque Girerd, Nicolas et Cie, de Saint-Étienne (Loire), possédait

près de Bône, département de Constantine (Algérie), de vastes domaines groupés autour de Guébar Bou Aoun, ferme déjà très connue de la vallée de la Seybouse.

Ruiné par la guerre, M. Frédéric Nicolas mourut en 1878.

En 1881, MM. Bertagna (de Bône), Dumont et Saint-Foy (de Marseille), achetèrent de la liquidation Girerd Nicolas et Cie, pour la somme de 1.850.000 francs, la totalité des domaines de M. Frédéric Nicolas : terrains de cultures, de parcours, vignes, bois, broussailles, en tout 4000 hectares et plus, répartis entre 17 fermes.

Les vignes, 185 hectares, étaient sur Guébar.

Les acquéreurs avaient acheté pour revendre. Un courant portait alors vers l'Algérie : le moment semblait favorable.

La ville de Paris, qui cherchait (1883) des terres en Algérie pour ses enfants assistés, faillit acheter Guébar et les fermes attenantes d'Ouedsba, Saint-Charles et Nathalie, 700 hectares. Prix accepté : 1.110.000 francs. Un procès en nullité de vente, perdu d'avance, mais qui alla en cassation, intenté à la liquidation par un créancier de la maison Girerd Nicolas, empêcha seule la conclusion du marché.

Dès lors, MM. Bertagna et consorts, encouragés par les prix de vente des vins (pour des milliers d'hectolitres, 28 à 30 francs l'hectolitre, quai Bône), étendirent leurs vignes, les firent déborder sur Saint-Charles, et en portèrent la plantation à 350 hectares[1].

---

[1] On ne comptait pour toute l'Algérie, en 1850, que 792 hectares de vignes plantées.

En dehors de Guébar il n'y avait aux environs de Bône, en 1880, que le vignoble de Darhoussa (créé par M. Joannon, de Lyon). Ce vignoble avait déjà, depuis 1870, une étendue d'au moins 200 hectares.

Venaient ensuite les vignobles : Dubourg, presque aux portes de la ville ; Vincent, à El Hadjar ; Call, à Duzerville, chacun avec une vingtaine d'hectares. (Renseignements dus à l'obligeance de M. Royer, directeur de la *Revue agricole de Bône.*)

La grande période de plantation eut lieu de 1883 à 1890.

Aujourd'hui le vignoble de Bône comprend 6000 à 7000 hectares, dont le tiers environ entre les mains de petits propriétaires.

Voici l'indication de plantations dans la région, toutes en rapport, mais produisant plus ou moins selon les soins :

BANQUE DE L'ALGÉRIE, Chapeau de Gendarme . . . }	500 hectares.	
— Mirbeck . . . . }		
— Saint-Paul.	100	—
— Daadah	35	—
— Morris	50	—
	685	— 685 hectares.

Entre temps ils vendaient 4 fermes.

Sur le Chapeau de Gendarme, Mirbeck et Saint-Paul, leurs ces-
sionnaires plantèrent sans désemparer 500 hectares de vignes.

Société des Vignobles de la Méditerranée, Monville	650 hectares.		
— La Charentaise	60	—	
	710	—	710 hectares.
Bertagna, Guebar-Bou-Aoun		400	—
Jullien, Darhoussa (ancienne propriété Joannon de Lyon)		280	—
Société agricole lyonnaise du Nord de l'Afrique, Gazan (ancienne propriété Deyme, de Lyon).	140 hectares.		
— Besbès (ancienne propriété Hély d'Oissel).	90	—	
	230	—	230	—
Coulon, El Hadjar.		80	—
Deluc, El Hadjar		50	—
Docteur Durget, Canal Bouchet		50	—
Reioua, Cay de Saint-Amour		90	—
Ferrand, Guillot, Teillard, de Lyon, Bordj-Samar		180	—
Galtier, Saint-Clément	20 hectares.		
— Télégraphe.	50	—	
— Charmettes	60	—	
	130	—	130	—
Alphonse Changel, de Briançon, Aux Anglais . . .	50	—	
— Plage Fabre	35	—	
	85	—	85	—
Chantre, Route des Plages		40	—
Dieul, Route du Fort génois . . . . . . , ...		30	—
Pralus, de Lyon, Route de la Calle		90	—
Raison, Duzerville.		35	—
Perrin, de Lyon, Fermes à Duzerville		60	—
Dubourg, Karezas		30	—
Lacombe, Karezas		30	—
Guende, Karezas		25	—
Sens (Olive), Zamouria	60 hectares.		
— l'Alelick	35	—	
	95	—	95	—
Martin-Troisvallet		50	—
Beugin, Besbes.		50	—
Gauthrin		50	—
Roux, Bou Agheou		50	—
Taillefer.		40	—
Chauchefoin, Duzerville.		40	—
Pajot, Duzerville		40	—
Comte de Sonis, Quatre-Chemins	25 hectares.		
— Fort Génois	25	—	
	50	—	50	—
Corcellet, de Lyon, Morris		20	—
De Cerner, Aïn Mokra		50	—

(Renseignements dus à l'obligeance de M. P.-A. Meynieu, commissionnaire à
Bône.)

Sur Gazan, l'acquéreur, M. Lucien Deyme de Lyon, en plantait 127 hectares.

Après diverses péripéties, le Chapeau de Gendarme, Mirbeck et Saint-Paul passaient vers 1890 à la Banque de l'Algérie.

La Banque cultiva sans compter, s'outilla magnifiquement et exploite encore.

Pour la ferme de Gazan, objet de cette notice, tout en conservant son entrepôt de Lyon, rue Saint-Jérôme, où il vend les vins de ladite ferme, M. Deyme la céda, en 1895, à la Société des Vignobles de Mondovi, aujourd'hui *Société agricole lyonnaise du Nord de l'Afrique*, dont il est actionnaire et administrateur. (Voir plus loin la notice spéciale.)

II. — La ferme de Gazan tire son nom d'un président du Tribunal de Bône, originaire de Lyon, M. Gazan de la Périère, son créateur.

Le domaine, actuellement réduit à 191 hectares, en compta d'abord 500.

Il a ses légendes : joué un jour à l'écarté, il fut une autre fois vendu à réméré. Les fonds du remboursement venaient d'Amérique : le jour de l'échéance, à la dernière heure, apparut enfin au large la voile libératrice. Le vendeur l'avait échappé belle.

Le domaine assis à 3 kilomètres de la Seybouse, au premier échelon de cette colline de Dréan si fatale à nos troupes par les ravages qu'y fit la fièvre au début de l'occupation, émergeait de ses parties hautes sur les plaines marécageuses. A plusieurs lieues à la ronde, sa tour, d'où l'œil se repose aujourd'hui sur d'innombrables bouquets d'arbres et d'interminables vignobles, ne montrait que la terre plate, aride l'été, parsemée de larges flaques l'hiver : 50 kilomètres sur vingt de palus, qu'en permanence emplissaient de miasmes les rives de la Seybouse, et, par le vent d'ouest, celles du lac Fetzara.

A défricher le domaine, d'innombrables Sardes périrent.

Voilà pour la salubrité.

Créneaux et fusilières témoignent encore si la sécurité valait mieux. A cette époque lointaine n'étaient pas à craindre seulement la maraude, les fauves, mais aussi les incendies, le pillage, les insurrections des indigènes. Il fallait se protéger ; au besoin soutenir un assaut. Aussi habitation des maîtres, bâtiments d'exploitation, cour, écuries, appentis pour le bétail, formaient-ils là, comme dans la généralité des exploitations algériennes, une véritable enceinte fortifiée, — vaste quadrilatère clos de murs, tel qu'il subsiste encore, — hermétiquement verrouillé la nuit, — un bordj.

Le télégraphe aérien sur Dréan ; dans la prairie voisine, la Koubba de Sidi Hamida ; celle de Sidi Denden en bas des collines où plus tard plantera de la vigne et élèvera du bétail notre autre compatriote Joannon, voilà les uniques édicules qui se dressaient alors sur trois points de l'horizon.

Accès difficile. Une piste arabe, le chemin des Chameaux, reliant Soukharras à Bône par le col de Frara, desservait seule le domaine. Dans la saison des pluies, il fallait souvent la journée, quand le voyage n'était pas impossible, pour franchir les 20 kilomètres qui séparent Gazan de Bône.

Au demeurant, pour une agglomération humaine, emplacement bien choisi.

Ruines, tombeaux, médailles, rencontrés partout autour des immeubles, montrent que là des Romains ont séjourné ; l'indigène après eux.

Soucieux d'une salubrité et d'une sécurité — dans l'espèce bien relatives, — la hauteur les avait attirés, et, avec la richesse du sol, la facilité de s'abreuver, eux et leur bétail à la source voisine, à supposer qu'ils aient ignoré la nappe d'eau souterraine.

Le choix de l'emplacement fait par les Romains, consacré par les Arabes, à son tour Gazan de la Périère le ratifia pour son compte.

III. — Du jour où M. Gazan de la Périère taillait son domaine aux délimitations un peu vagues, à celui où M. Deyme en achetait les 191 hectares actuels, la sécurité, la salubrité, la commodité d'accès, sous l'influence de l'Administration, des défrichements, des moyens de communication, avaient fait de singuliers progrès.

L'indigène était refréné.

D'autres constructions que les coupoles de Sidi-Denden, de Sidi-Hamida, apparaissaient çà et là. Des fermes s'étaient créées tout autour de Gazan. Le domaine avait une gare à sa porte.

Ses limites s'étaient précisées. Séparé de Dréan par le Chemin des Chameaux, — de Saint-Charles, par la rivière constamment alimentée de l'Oued-Sba, — de Saint-Paul par un chemin d'exploitation, il l'était aussi, sur 2 kilomètres, du Chapeau de Gendarme par la route nationale et le chemin de fer.

Ouvert sur Bône, Tunis, Constantine — tout l'intérieur — il était débloqué.

Des bourgs de Mondovi et de Duzerville, créés sur la route, lui arrivaient chaque jour à domicile, les approvisionnements de la ferme [1].

Par les bateaux côtiers et les trains, il recevait de la main-d'œuvre de Kabylie ; et aussi, par les compagnies de navigation et les barques de pêcheurs, des Sardes, des Toscans, des Calabrais, des Siciliens, travailleurs endurcis, venant tous chercher en Algérie, pour eux et leur famille restée au pays, une rémunération de leur peine plus élevée que sur le sol natal.

Pour la traversée de la Méditerranée, généralement trente ou quarante heures suffisaient, et il n'était plus de jour que, de Marseille ou pour Marseille, la Compagnie générale transatlantique, les Transports maritimes, les Touache, les Caillol et Saint-Pierre, n'eussent une arrivée ou un départ [2].

Privées de ces avantages, qu'auraient valu[3], malgré leur richesse, — leur profondeur extraordinaire, leur nappe d'eau excellente, intarissable par les plus grandes sécheresse, — ces terres argileuses, produit des alluvions de la Seybouse ?

Peu, assurément, car abstration faite de leur fertilité naturelle, les terres en Algérie, — comme ailleurs, — valent par leur libre accès, et si l'on y trouve la sécurité, une main-d'œuvre abondante, la possibilité d'y recevoir des approvisionnements et d'en expédier les produits.

Les terres que vendirent MM. Bertagna et consorts réunissaient ces conditions. On les paya dans les 700 à 800 francs l'hectare[4]. C'est sur cette base qu'en 1883 furent achetés les 191 hectares de

---

[1] Les Maltais, tout à la fois, dans la colonie, épiciers, boulangers, bouchers, quincailliers, merciers, charretiers, font ce service de fournisseurs.

[2] Le fret de ces compagnies (souvent syndiquées), varie suivant les années de 10 francs à 12 fr. 50 la tonne, poids du bois compris, de Bône à Marseille.

En dehors de ces quatre compagnies, les compagnies de navigation à vapeur qui desservent le plus souvent le port de Bône, sont :

Pour Bordeaux, les fils de T. Conseil, et Delmas frères. Fret de 16 à 20 francs la tonne.

Pour Rouen, le Havre : lignes Grossos, Lequellic. Fret de 18 à 22 francs la tonne.

Pour Dunkerque (transbordement à Marseille sur le bateau de la Compagnie à hélice du Nord). Fret de 20 à 25 francs la tonne.

[3] Potasse $0^{gr}345$, azote $0^{gr}206$, fer et alumine 7 grammes, acide phosphoratique 0,04, chaux 1,35 (analyse de Victor Cambon).

[4] Les droits de mutation, en Algérie, sont de 4 pour 100.

Gazan, bâtiments compris, mais sans caves, ni matériel, ni plantation d'aucune sorte.

IV. — Les terres de Gazan, louées à cette époque 20 francs
l'hectare à une famille alsacienne venue après 1870, étaient utilisées
en céréales et parcours, nourissaient une centaine de bœufs, n'en-
richissaient pas le locataire.

Dès les pluies, impossibilité de sortir des bâtiments.

Le nouveau propriétaire plantait de la vigne ; bientôt commen-
ceraient des transports de matériaux pour la construction des chais,
puis viendraient les transports des vins.

Un chemin sur la propriété même, pour relier la ferme à la grande
route et à la gare, s'imposait.

Long de 1500 mètres, il fut établi, solide comme la route nationale, entre deux rangées de frênes, et assez large pour que, le passage des voitures conservé, on pût, le moment venu, le pourvoir d'un
raccord industriel entre la gare et les caves.

V. — Des 191 hectares, M. Deyme en réserva 64 pour le fourrage, les cultures de céréales dont les pailles s'emploient en nourriture des bêtes, litière et fumier, le dégagement des abords de
la ferme, les jardins potager et d'agrément, la plantation d'un
bois d'eucalyptus, les chemins.

Puis en trois ans furent plantés 127 hectares de vignes dont :

Carignan, 50 hectares ; Petit Bouschet, 35 ; Mourverdre, 30 ;
Mounique, 10 ; Alicante Bouschet, 2 ; Muscat, quelques ares.

Ces plantations (à 1 m. 75 d'écart dans tous les sens), obtinrent
la médaille d'or, grand module, au concours général de Bône, en
1890. Elles furent faites avec le plus grand soin, tant au point de
vue des défoncements et du nettoyage des terres, des drainages, que
du choix des boutures.

Chaque cépage fut planté à part, par carré de 5 à 6 hectares,
séparé du voisin par un large chemin, de manière à pouvoir ven-
danger les cépages par ordre de maturité et commodément.

Cette disposition permet d'abord de faire autant de sortes de
vins qu'il y a de cépages différents, et ensuite, de couper ces vins
ensemble, le moment venu, pour les besoins du commerce.

Le Petit Bouschet et l'Alicante donnent la quantité et la couleur.

Le Carignan et la Moumique, la quantité et la fraîcheur.

Le Mourverdre, la qualité.

Le Muscat, destiné à faire un vin de dessert, n'entre pas dans les mélanges[1].

VI. — Œuvre du Génie, qui au début prêtait sa main-d'œuvre, les bâtiments, en mauvais état, comprenaient :

Une maison de maître et un vaste corps de bâtiment pour le personnel ;

Une écurie et des appentis pour une centaine de têtes de bétail.

Il fallut réparer le tout, transformer l'écurie en cave ; construire deux chais ; consolider et élever la noria existante, lui adjoindre un réservoir de 300 hectolitres avec canalisation distribuant l'eau dans les abreuvoirs, les caves, les jardins; établir un dallage de pierre de 1200 mètres carrés pour l'entrepôt, le lavage, le gerbage, le chargement de la futaille ; faire deux fosses à fumier d'une contenance de 2000 mètres cubes dans le but d'en utiliser le contenu par roulement tous les deux ans.

VII. — Aperçu détaillé des débours pour l'immobilisation à Gazan, depuis l'époque (octobre 1883) où M. Deyme en prit possession jusqu'à celle où il céda le domaine à la Société agricole lyonnaise du nord de l'Afrique (novembre 1895).

Acquisition de Gazan	160.000
Création sur un parcours de 1500 mètres du chemin reliant les bâtiments d'exploitation à la route nationale et à la gare . . .	15.000
Destruction des jujubiers et du chiendent	50.000
A Reporter.	225.000

---

[1] Les vins algériens peuvent se ramener à trois types : les vins de plaine, soit ceux qui nous occupent, — les vins du Sahel, c'est-à-dire des collines qui bordent la mer, de Nemours à la Calle, — les vins de montagne, Soukharras, Miliana, Mascara, etc.

Ils se distinguent par leur richesse en alcool et en extrait sec, mais le commerce reproche souvent à leur couleur de manquer de vivacité.

Les vins blancs sont généralement remarquables, et les trois départements en donnent d'excellents.

Les vins de la plaine de Bône ont, suivant les cépages et les années, de 10 à 13 degrés d'alcool, 22 à 30 degrés d'extrait sec, et de 6 à 9 degrés d'acidité.

Pour la vente au détail, l'acidité est un grave inconvénient ; mais la réfrigération, dont l'usage se répand chaque jour, tend à le faire disparaître.

Report. 225.000

Défoncements, création d'un vignoble de 127 hectares, d'un bois
de 3000 eucalyptus. Plantation d'un millier de frênes et arbres
divers 240.000

Cheptel de trente-trois mulets français, renouvelés chaque fois qu'il en
est besoin, ayant coûté 600 à 700 francs chacun, et quatre chevaux   20.000

Leur harnachement. 4.000

Construction d'un chai en bois d'une contenance de 2000 hectolitres.   8.000

Construction d'un autre chai et de son annexe, logeant ensemble
8000 hectolitres, fondation des cuves et des foudres, logement
d'ouvriers, abri pour l'alambic 30.000

Matériel de cantine.   500

Mobilier 2.500

Matériel et outils agricoles 15.000

Matériel de tonnellerie, de maréchalerie, de forge 1.000

Matériel vinaire fixe :

   10 foudres de 350 hectolitres construits à la Buire (Lyon). . . ⎫

   17   —   125   —   —   . .

   5 cuves de 635   —   (Vivarèz-Bouzigues, Hérault) . .

   1   —   600   —   Michel (Cette, Hérault). . . .

   Filtres Rouhette (Paris). . . . .

   Pressoirs Marmonnier. . . . .   ⎬   70.000

   Egrappoirs Marmonnier. . . . .

   Fouloirs Vermorel (Villefranche). . . . .

   Pompes Thévenin frères de Lyon. . . . .

   Pulvérisateurs, etc., etc. . . . . ⎭

Matériel de vendange. 4.000

Mille demi-muids usagers 30.000

Fonds de roulement 50.000

                                   Total. 700.000

VIII. — Le coût annuel d'entretien d'un hectare de vigne varie
suivant la nature du sol et le prix de la main-d'œuvre[1]. Nous
entendons l'entretien complet comprenant, en dehors des façons et
soins de toute sorte, la mise en état constante du matériel et des
immeubles, le renouvellement de l'outillage, des mulets, bœufs
de labour, l'achat des matières insecticides et anti-cryptogami-
ques, les traitements, les impositions, les assurances[2], etc.

[1] Impôt sur la vigne, 5 francs par hectare en production. Autres impôts : presque
nuls.

[2] Dans la région de Bône, un laboureur arabe coûte 2 francs par jour, un conducteur de charrue de 1 fr. 25 à 1 fr. 50.

En dehors des labours, il ne faut guère employer l'Arabe qu'aux vendanges ou aux

Sans rechercher à combien coûte ailleurs cet entretien, et nous cantonnant dans la vallée de la Seybouse, nous trouvons que le prix en est, pour Gazan, de 700 à 800 francs l'hectare, intérêt du capital engagé laissé de côté.

Toujours pour ce domaine, la production, elle, dans l'ensemble des plants, atteint une moyenne de 100 hectolitres à l'hectare et les vins qui en proviennent titrent les uns dans les autres un minimum de 11 degrés d'alcool.

Sur ces bases, l'entretien de 127 hectares de vigne revient annuellement en chiffre rond à 96.000 francs.

Nous avons dit que, de 1880 à 1885, l'essor donné aux plantations de vignes dans le voisinage de Bône avait eu pour cause l'appât des prix de 28 à 30 francs l'hectolitre, quai Bône.

La reconstitution du vignoble en France, dont on exagéra du reste et exploita les effets, la concurrence étrangère, la fabrication des vins de raisin sec, la tolérance laissée au mouillage modifièrent bientôt l'état du marché.

En 1887, Bône cédait ses vins de 19 à 18 francs l'hectolitre; l'année suivante de 13 à 10 francs.

Puis les prix se relèvent. En 1889, ils débutent à 15 francs pour atteindre 20 francs au cours de la campagne et s'y maintenir.

On les paie ensuite :

2 francs le degré en	—	1890-1891,
1,20	—	1881-1892,
1,20	—	1892-1893,
0,90 à 0,50	—	1893-1894

Bientôt ils deviennent invendables, et le resteront jusqu'à la fin de la récolte suivante :

travaux à façon. Comme vendangeur on le paye de 1 fr. 25 à 1 fr. 50. Il vendange de 500 à 600 kilogrammes de raisin par jour.

Le Kabyle est apte à tous les travaux de la terre. On le paye de 1 fr. 75 à 2 fr. 50.

Les Italiens se payent de 2 fr. 50 à 3 francs. Leur main-d'œuvre est encore préférable.

Les prisonniers, logés par escouade et à part, coûtent 1 fr. 20 par jour, plus les frais d'un gardien (1 fr. 70) par vingt hommes. On les prend à l'année, mais on ne les paye que lorsqu'ils travaillent.

Les Français sont généralement employés comme surveillants, charretiers, et payés au mois : 90 à 100 francs. Ils se nourrissent à leurs frais à la cantine de la ferme dont le prix est de 60 francs par mois, vin compris.

On donne à un contremaître environ 150 francs par mois et le vin.

1 franc le degré	en 1894-1895,
1,25 à 1,90	— 1895-1896,
1,40 à 1,50	— 1896-1897,
1,40 à 1,60	— 1897-1898,
1,50 à 1,85	— 1899,

Soit, pour ces dix dernières années, un prix moyen de 1 fr. 35 le degré.

C'est à-dire que, pour une récolte moyenne de 12.000 hectolitres (chiffre intentionnellement faible) titrant 11 degrés, donnant ainsi 13.200 hectolitres calculés à 10 degrés, le domaine de Gazan produit depuis dix ans un rendement moyen annuel de [1] . . fr. 178.000

Les frais d'entretien correspondants s'élèvent à . — 96.000

Il reste donc annuellement une somme moyenne disponible de . . . . fr. 82.000

qui, sur le capital engagé de 700.000 francs, représente un rendement dépassant 11 pour 100, permettant de payer l'intérêt, de doter les comptes d'amortissement et de réserves, et de distribuer un bénéfice net.

IX. — A tout prendre, ces résultats sont satisfaisants pour une entreprise dont le but n'est que l'exploitation du sol. Il serait même à souhaiter que les 138.000 hectares de vignes plantées à à cette heure en Algérie fournissent dans leur ensemble à leurs propriétaires des résultats pareils [2]. Toutefois, des débouchés trouvés au moyen d'entrepôts en dehors du vignoble, de façon à vendre directement au consommateur au lieu de subir les cours du gros, les améliorent sensiblement [3].

---

[1] Est compris dans ce produit le montant des ventes des produits secondaires, tartres, lies, piquettes.

Les piquettes, distillées autrefois et vendues sous forme d'alcool, étaient rémunératrices en Algérie, mais la fabrication de l'alcool a moins d'intérêt maintenant, parce que l'alcool fabriqué à la ferme paye un droit de 80 francs par hectolitre d'alcool pur, ce qui met le propriétaire algérien dans un état d'infériorité vis-à-vis du propriétaire de la métropole. Celui-là, en effet, jouit du privilège accordé, en France, au bouilleur de cru, et, s'il n'est consciencieux, écoule en fraude, sans bourse délier, son alcool; on l'utilise, à l'insu de l'administration, à augmenter le degré des vins largement mouillés à la cuve.

[2] Pour 1898, le produit des 124.000 hectares de vignes plantés alors en Algérie, a atteint seulement le chiffre brut de 75 millions de francs. Aux cours actuels, avec des terres bien cultivées, la production normale devrait doubler cette somme.

[3] Les principaux clients de Bône, ceux qui payent les meilleurs prix sont Bor-

Il faut bien reconnaître en effet que, si par les années de vaches grasses, au point de vue des prix obtenus au lieu d'origine, comme celles que nous traversons depuis 1895, les ventes directes à la consommation obligent à toute une organisation commerciale avec les frais qui s'ensuivent, et ne laissent qu'une mince plus-value sur les prix auquel on aurait écoulé, sur le lieu même de production, les produits en bloc ; par contre, pendant les années de vaches maigres, une sérieuse compensation s'établit.

Nous en voulons pour preuve l'exemple des années de baisse, notamment de 1893-1894, où les vins tombèrent au-dessous de 5 francs l'hectolitre, quai Bône, même devinrent invendables, alors qu'ici, pour les vins de même provenance, la répercussion sur les prix de détail, c'est-à-dire à la pièce, ne dépassait pas 15 à 20 pour 100.

D'où, en Algérie, et généralement partout où les vins, pour divers motifs, sont encore plus sujets qu'en France à de larges fluctuations, est-il tout indiqué de doubler une exploitation viticole d'entrepôts avec leur clientèle.

C'est, dans la mesure du possible, parer aux aléas de baisses désastreuses, et s'acheminer à l'élévation de la moyenne des prix de vente, puisque de cette façon on garde pour soi le bénéfice que prendrait l'intermédiaire.

M. Deyme, et M. Pépin, celui-ci gérant de la Société agricole lyonnaise de l'Afrique du Nord, sont partis de ce principe, et ont établi, le premier à Lyon et à Bourg, le second à Tarare, Epinal, Montluçon, des entrepôts où ils écoulent la production totale des fermes de la Société : Gazan, Besbès, Bazoul, Djidjelli, 30.000 hectolitres.

Les entrepôts de Lyon et de Bourg entrent dans ce chiffre de vente pour plus de 4000 hectolitres, au détail seul.

X. — Pour la dernière période décennale, la ferme de Gazan a donné, en moyenne par an, un bénéfice agricole dépassant

---

deaux, Paris et la Rochelle. Marseille et Cette prennent les vins inférieurs. A mesure que la production augmente, à mesure aussi, augmente le nombre des commissionnaires et des courtiers. Autrefois, le propriétaire qui n'avait pas de relations en France, en était réduit, quand cessa la période de disette occasionnée par le phylloxera, à faire de la consignation, ce qui était ruineux pour lui, quelle que fût la place à laquelle il s'adressât.

11 pour 100, et nous venons de voir que les bénéfices commerciaux obtenus par la création de nos débouchés en France avaient, pour moindre avantage, de compenser, bon an mal an, les défaillances du bénéfice agricole.

En réalité, l'amélioration provenant de ces bénéfices commerciaux a bonifié d'une façon très appréciable, de 1890 à 1899, la moyenne du rendement cherché, et cette moyenne ne fera que s'accroître si nos entrepôts, grâce à la création desquels nous échappons déjà, en Algérie, aux cours essentiellement variables du commerce en gros, en arrivent en France, par l'augmentation continue de leur clientèle de détail, à échapper de leur côté à l'obligation des ventes au demi-gros.

Doublée d'une affaire commerciale, l'affaire agricole devient ainsi tout à fait intéressante, mais la réussite, œuvre de soins, d'argent et de persévérance, ne va pas sans peines, et pour ceux que tenterait quand même l'entreprise quelques avis ont ici leur place.

D'abord, vérification faite du degré de la fertilité des terres, de la salubrité, de la présence d'eau potable, ils devront examiner si les moyens de communication, les frais de transport jusqu'au port d'embarquement, l'offre d'une main-d'œuvre suffisante et ses prix assurent l'exploitation facile du domaine qu'ils auront en vue.

Ces conditions remplies, il sera de moindre importance qu'ils jettent leur dévolu dans un département ou dans un autre. Chaque pays a ses avantages et ses inconvénients. Si la vallée de la Seybouse produit beaucoup, elle vend cher ses terrains, sa main-d'œuvre, son entretien. Des terres moins compactes se feront ailleurs rechercher pour leur bon marché, la modicité de leurs frais, la qualité supérieure de leurs produits. Il y a là une balance à faire et à consulter ses convenances.

Ce dont on devra se garer par-dessus tout, c'est de tomber dans certaines fautes couramment commises et entreprendre au delà de ses forces ; prévoir en devis pour ses frais, les frais des régions où ils sont le moins élevés, et la contre-partie en fait de recettes, amortir *sur le papier* dès la troisième année, c'est-à-dire dès que la vigne se met à produire, alors que de grands frais en constructions de cave, en matériel vinaire ne font que commencer, et que le solde du domaine — on se libère généralement à terme en Algérie — est encore à payer.

On devra s'attendre à ce que les maladies cryptogamiques ou

autres, le sirocco, la sécheresse, les sauterelles, l'avilissement des prix, viennent tour à tour, quelquefois ensemble, déranger les prévisions budgétaires, dérouter.

Il faudra faire une large part à l'imprévu. Ces dernières années, par exemple, des perfectionnements dans l'outillage des caves et la vinification se sont vulgarisés en Algérie[1]. On y a adopté l'usage des égrappoirs, des réfrigérants. Partout, dans les exploitations, les machines à vapeur se substituent aux bras pour le broyage du

---

[1] Pendant quelques années les caves du Chapeau de Gendarme et celles de Saint-Paul — deux fermes de la Banque de l'Algérie — ont servi de modèles.

Actuellement les mieux installées sont celles de Guébar-bou-aoun et celles de Monville.

La nouvelle cave de Guébar (propriété de M. Bertagna) est construite suivant le système Paul.

Au centre, machinerie, pompes, réfrigérants, élévateurs; ceux-ci amenant les vendanges à la turbine.

Cuves — en ciment — réparties entre trois étages :

Celles des deux étages inférieur, destinées à la garde du vin, fermées.

Celles de l'étage supérieur, destinées aux fermentations, ouvertes.

A chaque groupe de quatre cuves, un pressoir maçonné à charge montante et élévateurs.

Coût de chaque pressoir : 3ooo à 4ooo francs. Il y en a dix.

De la turbine, la vendange tombe dans des wagonnets, lesquels la portent dans les cuves à fermentation.

Des cuves à fermentation, le vin tombe aux étages inférieurs dans les cuves fermées.

Prix de ces installations, 3oo.ooo francs et plus, nous dit-on, sans préjudice des caves anciennes qui dépassent les 4oo.ooo francs.

Guébar fait de 4o.ooo à 5o.ooo hectolitres. Il est maintenant outillé pour faire le double. Il porte du reste sa plantation à 5oo hectares et a l'intention de l'augmenter encore.

A Monville (Société des Vignobles de la Méditerranée) : deux caves contenant ensemble 38.ooo hectolitres (foudres de 6oo hect.) et 6ooo hectolitres (cuves de 6oo à 8oo hect.).

Machine de 1o chevaux pour la manutention des caves.

Au centre de la cuverie :

Machinerie (15 chevaux), six pressoirs (Coq), pompes, bascules, deux élévateurs.

Quarante cuves, en ciment armé, de 4oo hectolitres. Ces cuves, fermées, peuvent servir à la garde du vin ; quatre sont entièrement vitrées, pour les vins blancs.

Les élévateurs amènent la vendange à un fouloir ordinaire (Mabille). De là, la vendange est conduite aux cuves par un transporteur à palettes (long conduit en bois, légèrement incliné, au-dessus duquel court une chaîne sans fin armée de palettes qui entraînent la vendange).

Dans un pavillon spécial, réfrigérants et filtres.

L'installation de la cuverie a coûté, dit-on, 35o.ooo francs et les deux autres caves 3oo.ooo francs.

(D'après des notes dues à M. P.-A. Meynieu, commissionnaire à Bône.)

raisin ; les cuves de ciment ouvertes aux foudres abandonnés au logement seul. Moyennant quoi, les vins se font plus économique-ment, plus rapidement et mieux, sont plus souples, plus alcooliques, plus colorés. Ces transformations ne se prévoyaient pas il y a quel-ques années. Non moins nécessaires, elles constituent des dépenses ; et, dépenses imprévues de cette sorte ou d'une autre, comme on en trouvera toujours au cours d'une exploitation, il faut d'avance en faire la part.

Que si, pour parer aux fluctuations désordonnées des cours, on veut créer en dehors du vignoble des entrepôts, ce seront alors de nouveaux besoins d'argent pour frais de magasins en France : location, personnel, matériel supplémentaire, sans compter un fonds de roulement spécial pour le transport des vins[1] et la vente ; car la vente de la récolte qui aurait pu se faire à la ferme, au décu-vage, dans les fûts de l'acheteur comptant, va mettre dix-huit mois à s'effectuer ailleurs, dans un matériel différent, sans qu'à ce retard dans les rentrées corresponde aucun répit de la part de l'exploita-tion agricole, qui, elle, n'attend pas, exige le maximum de soins quel qu'en soit le coût, prête à faire payer cher au propriétaire la minime omission, la minime négligence, et, sans discontinuité, marche inexorablement du premier au dernier jour de l'année.

En somme, avant de se mettre à l'œuvre, il faut bien réfléchir qu'à la prendre au début de la plantation comme à n'importe quelle phase de son existence, la vigne réclamera de tels soins, qu'à se soustraire seulement à l'un d'eux, on s'exposerait à compromettre le bénéfice de tous les autres, et que tout l'argent qu'on va directe-ment lui consacrer ne sera qu'une faible partie de celui qu'on

---

[1] Coût du transport de la tonne de vin par 5000 kilogrammes :

De la ferme au port dans un rayon de 20 kilomètres . .	6 5o	la tonne.
D'un port d'Algérie à Marseille	11 »	—
Transit à Marseille	3 »	—
Chemin de fer de Marseille à Lyon.	17 5o	—
	38 »	la tonne.

Le coût de transport pour 100 kilogrammes ressort, ainsi, nominalement, de la Ferme à Lyon, à 3 fr. 80 une année dans l'autre. Il ne faudrait pas en conclure ce-pendant que ce prix de transport fût celui du transport de l'hectolitre. Quand on a tenu compte du poids du bois, du creux de route, du montant de l'assurance, du camionnage à l'arrivée, de l'envoi des fûts vides, etc., on finit par trouver 7 francs comme coût de transport de l'hectolitre, plein et vide, depuis la ferme jusqu'à l'entrepôt de Lyon.

immobilisera pour la vinification, le logement, et le fructueux écoulement du vin.

Et comme l'œuvre est de longue haleine, que jusqu'à ce jour souvent imprudemment conduite, elle a souvent déçu ; que de ce fait, à ceux qui pourraient y aider — aux capitalistes — elle inspire piètre confiance, il faut que le planteur soit à même, du commencement à la fin, de la mener à bien à lui tout seul, sans concours étranger d'aucune sorte, moins de banquiers et de notaires que de quiconque, d'autant que ces derniers, pour l'appui généralement insuffisant, toujours prêt à se dérober qu'ils concèdent, enlèvent au bénéficiaire, ce dont il aurait le plus besoin dans une affaire qui veut qu'on s'y absorbe tout entier : la tranquillité d'esprit.

Partant, on devra strictement proportionner l'importance de l'entreprise à celle de ses ressources.

C'est pour ne s'être pas fait de ce précepte une règle inflexible que tant de propriétaires, devant les exigences toujours croissantes de leur exploitation, lassés d'un travail de Danaïdes, en arrivent trop souvent à passer la main. Or un vignoble — en Algérie du moins — est un instrument de travail. Il rapporte, si on sait en jouer, mais ne se vend guère, surtout dans les années de baisse ; ou s'il se vend, se vend mal, et dans des conditions d'autant plus onéreuses pour le vendeur que celui-ci l'a poussé plus près de la perfection ; d'autant plus regrettables parfois que les belles années allaient enfin dédommager le propriétaire des mauvaises.

XI. — Tout calculé, si, comme Gazan, le domaine choisi est dans la plaine de Bône, a la même surface de vignes, revient à fr. 700.000, y compris le fonds de roulement, pour fonctionner simplement sur place, il faudra pour en écouler le vin en France, au demi-gros et à la pièce, une nouvelle immobilisation de 50.000 francs pour matériel de caves, de transports, de livraisons, et un nouveau fonds de roulement de 80.000 francs.

Pour les deux organisations, agricole et commerciale, on aura ainsi décaissé 800 à 900.000 francs.

C'est une somme.

Toutefois, en prenant pour base de comparaison la période de dix ans que nous venons de traverser, on doit en retirer un rendement annuel moyen allant de 12 o/o à 15 o/o.

L'industrie et le commerce rapportent souvent davantage, mais l'agriculteur ne renouvelle pas son chiffre d'affaires, a une production limitée. On devra se tenir pour satisfait.

Reste à savoir si l'apparition dn phylloxera à Bône, l'usage d'autres boissons que le vin, le développement exagéré des plantations, la surproduction en France, les importations étrangères ne modifieront pas défavorablement ces résultats.

Il est certain que, dans la région de Bône où le phylloxéra est reconnu depuis trois ans, et que faute de la quantité d'eau suffisante ne saurait protéger utilement le canal d'irrigation de la Seybouse, encore en construction, ces résultats seront amoindris dans la décade qui s'ouvre. Affaiblissement de la récolte d'un côté, frais de reconstitution de l'autre, vont avoir sur les bénéfices une répercussion sérieuse. Mais les cépages américains à grands rendements, choisis pour la reconstitution, seront plus productifs que les cépages français, et, de ce fait, donneront bientôt au propriétaire, au point de vue de l'abondance de récolte, une compensation à ses épreuves nouvelles.

Voilà pour le phylloxéra.

Sur le tort que peut causer au vin l'usage d'autres boissons, disons que jusqu'à ce jour ni la bière ni le cidre n'ont empêché la vente du vin, et que, vraisemblablement, l'un pas plus que l'autre ne sont susceptibles de causer à cette vente de trop notables préjudices ; mais que le véritable ennemi du vin est l'alcool[1], l'alcool qui, sous les appellations et les masques les plus divers, pénètre dans toutes les classes de la société, détourne des boissons saines et tuera le vin, comme il fait déjà des hommes, si on s'obstine à le laisser faire[2].

Enfin, sur le dernier chef, nous répondrons par les statistiques que nous donnons plus loin de ces dernières années. Leurs chiffres montrent surabondamment :

1° Que nous sommes encore loin des 2.415.000 hectares de vignes existant en France avant l'invasion du phylloxera, et des

---

[1] La consommation par litre d'alcool pur était par habitant :

En 1830.	. . .	1 litre.	En 1880.	. . .	3 litres 64 centil.
1850.	. . .	1 — 46 centil.	1889.	. . .	4 —
1860.	. . .	2 — 30 —	1890.	. . .	4 — 35 —
1870.	. . .	2 — 32 —	1898.	. . .	4 — 72 —

[2] La suppression du privilège des bouilleurs de cru serait une des premières réformes à obtenir. On ne se doute généralement pas du préjudice que ce privilège cause au Trésor et à la santé publique.

NNÉES	FRANCE SUPERFICIES plantées en VIGNES en hectares	ALGÉRIE SUPERFICIES plantées en VIGNES en hectares	VINS PRODUCTION en FRANCE en hectolitres	VINS PRODUCTION en ALGÉRIE en hectolitres	IMPORTATION des VINS	EXPORTATION des VINS	CIDRE FABRICATION en FRANCE en hectolitres	BIÈRE FABRICATION en FRANCE en hectolitres	BIÈRE CONSOMMATION en France Compte tenu de l'exportation et de l'importation.	QUANTITÉ D'ALCOOL IMPOSÉE soit absorbée par la consommation française, sans préjudice notamment de l'alcool passé en fraude, grâce entre autres au privilège des bouilleurs de cru.	IMPOT sur LES BOISSONS
1880	2.204.459	Inexactement connues	29.667.000	455.000	7.219.000	2.488.000	5.065.000	8.227.040	8 576.525	1.313.000	454.433.000
1881	»		34.139.000	486.000	7.839.000	2.572.000	17.122.000	8.624.786	9 011 759	1.444.000	413.441.000
1882	2.133.364		30.886.000	681.000	7.637.000	2.618.000	8.921.000	8 305.595	8 693.322	1.420.000	405.389.000
1883	2.095.927		36.029.000	821.000	8.980.000	3.003.000	23.492.000	8.619.494	9 007 610	1.484.000	421.454.000
1884	2.040.759		34.781.000	891.000	8.115.000	2.470.000	11.907.000	8.492.853	8.834 940	1.488.000	428.241.000
1885	1.990.586	60.410	28.536.000	968.000	8.181.000	2.580.000	19.555.000	8 010.150	8 316.133	1.444.000	417.862.000
1886	1.939.102	69.760	25.063.000	1.665.000	11.011.000	2.704.000	8.301.000	7.978.760	8.240.287	1.419.000	413.503.000
1887	1.944.130	78.687	24.333.000	1 902.000	12.277.000	2.402.000	13.437.000	8.233.669	8.438.123	1.467.000	424.228.000
1888	1.843.583	88.326	30.102.000	2.728.000	12.064.000	2.118.000	9.787.000	7.952 470	8 101.152	1.468.000	427.176.000
1889	1.817.787	94.842	23.224.000	2.512.000	10.470.000	2.166.000	3.701.000	8.382.654	8 368 747	1.516.000	413.214.000
1890	1.816.544	98.541	27.416.000	2.844.000	10.830.000	2.162.000	11.095.000	8.490.511	8.629.050	1.662.000	459 050.000
1891	1.763.364	108.048	30.140.000	4.058.000	12.278.000	2 049.000	9.280.000	8.305.730	8.434 464	1.669.000	468.432.000
1892	1.782.588	108.843	29.082.000	2.869.000	9.600.000	1.845.000	13 141 000	8.137.454	9.043 117	1.735.000	472.880.000
1893	1.793.299	110.485	50.070.000	3.937.000	5.895.000	1.889.000	31.609.000	8.937.750	9.025.006	1.642.000	464.149.000
1894	1.766.841	114.887	39.053.000	3.642.000	4.492.000	1.721.000	13 541 000	8.443.704	8 525.501	1.539.000	451.305.000
1895	1.747.002	113.810	26.688.000	3.797.000	6.556.000	1.696.000	25.587.000	8.867.320	8 933.805	1.549.000	461.340.000
1896	1.728.433	118.118	44.656.133	4.050.000	8.818.000	1.783.000	8.074.000	8.991.273	9.051.116	1.590.000	465 716.000
1897	1.688.931	118.823	32.350.622	4.368.000	7.529.000	1.774.000	6.788.000	9.233 481	9.280.383	1.633.000	477.189.000
1898	1.706.513	123.900	32.282.359	5.221.000	8.625.000	1 636.000	10.637.000	9.557.616	9 599 573	1.799.000	497.124.000
1899	1.696.000	138.497	47.907.000	4.648.000	7.037.000[1]	1 407.000[2]	20.835.000	Inconnu	Inconnu	»	499.833.000 Cet impôt était, en 1870, de 223.893.102

[1] Pour les dix premiers mois de 1899.
[2] Pour les dix premiers mois de 1899.

Tous ces renseignements et chiffres sont tirés des bulletins de Statistique du Ministère des Finances et de Statistique agricole décennale du Ministère de l'agriculture. La communication obligeante en est due à M. Turquan, ancien chef de statistique générale de France, percepteur, et à M. Taquet, directeur de la Revue Agricole (Paris).

8o.ooo.ooo d'hectolitres de vin que produisit cette surface à un
moment donné, sans que, cependant, les prix du vin fussent alors
trop avilis ;

2° Que l'importation étrangère est endiguée[1], et que le cou -
rant actuel de protection semble devoir, longtemps encore, protéger
la vigne française et la vigne algérienne.

En outre, il est un fait à signaler, rassurant pour la viticulture
algérienne. C'est que cette année, les productions française et algérienne réunies ont atteint plus de 52 millions d'hectolitres, chiffre
qui, depuis plus de vingt ans, ne s'était présenté qu'une fois, en 1893,
et que, cependant, le vin d'Algérie s'est vendu et se vend encore
pour cette campagne à raison de 1 fr. 60 à 2 francs le degré.

Or, en 1893-1894, on imputait, en partie, le krach des vins à
l'abondance des productions de France et d'Algérie, lesquelles, pour
l'année 1893, avaient été de 54 millions d'hectolitres.

On nous disait aussi que la superficie ancienne de 2.415.000 hectares allait être, à nouveau, recouverte de vignes ; que nous inau-
gurions pour nos vins une période de désastres.

En réponse à ces menaces, il faut savoir que la superficie de 1893 a
diminué, depuis, de 96.000 hectares, et que depuis, également, les
prix des vins pour l'Algérie n'ont cessé de remonter chaque année.

Pour conclure, nous estimons que, sous réserve des dommages
provenant, et des frais de reconstitution, et de la concurrence faite
au vin par les boissons alcooliques, le viticulteur algérien et plus
particulièrement le propriétaire bônois, dont les produits sont abon-
dants et se perfectionnent chaque année, peut avoir confiance dans
l'avenir, et nous augurons pour lui que les résultats de la décade
qui commence se rapprocheront de ceux de la décade qui finit.

(Voir à la page précédente les tableaux de statistique, base de nos
conclusions.)

---

[1] Droits d'entrée en France sur les vins en fûts, qu'ils viennent d'Italie, de Grèce,
d'Espagne, de Suisse, de Turquie ou d'Allemagne, tarif minimum 12 francs, à 12°
et au-dessous, par hectolitre. De 12° 1/10° à 15° inclusivement, ces vins payent le
droit fixe sur les douze premiers degrés par hectolitre, plus une taxe de douane
égale à la taxe de consommation de l'alcool sur les degrés et dixièmes de degré
excédant 12°. Enfin, au-dessus de 15° la perception se compose du droit fixe sur les
douze premiers degrés et de la taxe de l'alcool sur les degrés excédant 12°, en liqui-
dant toute fraction de degré, égale ou supérieure à 1/10° de degré, comme 1° plein.
Pour les droits d'entrée sur les vins, de France à l'Étranger, ils sont généralement
prohibitifs.

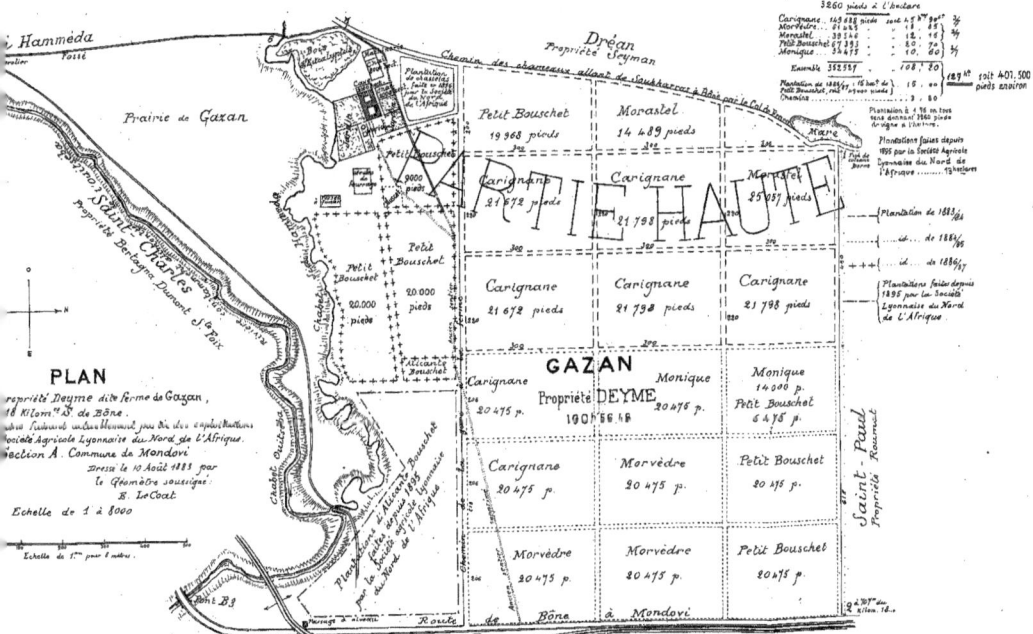

PLAN

Propriété Deyme dite ferme de Gazan,
18 Kilom. S. de Bône.

... traitant exclusivement pas dix ... aplus Matthieu ...
Société Agricole Lyonnaise du Nord de l'Afrique.
Section A. Commune de Mondovi

Dressé le 10 Août 1883 par
le Géomètre soussigné
E. Le Coat.

Echelle de 1 à 8000

Echelle de 1.mm pour 8 mètres.

PARTIE HAUTE

GAZAN
Propriété DEYME
1901 56 48

Hamméda
Prairie de Gazan
Propriété Dréan
Propriété Seyman
Chemin des chameaux allant de Souk-harras à Bôle par le Col de Ras

Petit Bouschet
19 968 pieds

Moraslel
14 489 pieds

Carignane
21 672 pieds

Carignane
21 798 pieds

Moraslel
25 957 pieds

Carignane
21 672 pieds

Carignane
21 798 pieds

Carignane
21 798 pieds

Carignane
20 475 p.

Monique
20 475 p.

Monique
14 000 p.
Petit Bouschet
6 475 p.

Carignane
20 475 p.

Morvèdre
20 475 p.

Petit Bouschet
20 475 p.

Morvèdre
20 475 p.

Morvèdre
20 475 p.

Petit Bouschet
20 475 p.

Petit Bouschet
20 000 pieds
Petit Bouschet
20 000 pieds
9000 pieds

Saint Charles
Propriété Bretagne Dumont et de la Paix

Saint Paul
Propriété Rosnel

Route de Bône à Mondovi
Halte de l'Ouedzi autrefois de Randon.
Ferme de Mirbeck

3250 pieds à l'hectare
Carignane ... 169 488 pieds ... soit 49 8 me gop
Morvèdre ... 81 489 ... 12 89
Moraslel ... 39 546 ... 12 15
Petit Bouschet 57 391 ... 80 70
Monique ... 33 477 ... 10 60

Ensemble 352 351 ... 108 80 ... 127 he soit 407 500 pieds environ

Plantation de 1885/86 ... 15 hm de 18 80
Petit Bouschet, red ... et vosin pieds ... 9 80

Plantations faites à 4 m en tous sens donnant 1560 pieds dirigée à l'hectare

Plantations faites depuis 1895 par la Société Agricole Lyonnaise du Nord de l'Afrique ... 13 hectares

Plantation de 1883/84
id. de 1885/86
id. de 1886/87

Plantations faites depuis 1895 par la Société Lyonnaise du Nord de l'Afrique

LE CENTRE DE COLONISATION LYONNAISE
DU GOLFE DE BOUGIE

En 1881, M. le comte du Sablon, Conseiller général et propriétaire foncier important du département du Rhône, acheta une propriété dans le golfe de Bougie, dans l'intention d'y créer un vignoble.

C'est après avoir parcouru les trois provinces que M. du Sablon fixa son choix, déterminé autant par l'admirable panorama du golfe que par les conditions exceptionnellement favorables à la culture de la vigne que présentait le pays. Il entraîna ses collègues du Conseil général, et, peu de mois après, MM. Rebatel, Thevenet, Ferrouillat, Sonnery-Martin, Fond achetèrent des propriétés dans son voisinage. L'impulsion était donnée, d'autres colons suivirent, et bientôt il ne resta plus de terrains disponibles; il se créa alors, à l'autre extrémité du golfe, à Djidjelli, un nouveau centre de colonisation, dont l'importance augmente tous les jours.

Tous les terrains avaient été confisqués aux tribus kabyles rebelles, à la suite de l'insurrection de 1871. Ils forment une bande plus ou moins large, comprise entre le bord de la mer et les premiers contreforts des massifs du Babor et du Tababor, s'étendant sur une longueur de 35 kilomètres, de Bougie à l'embouchure de l'Agrioum, traversée d'un bout à l'autre par la route nationale de Bougie à Sétif. Les montagnes qui les protègent contre le Sud sont couvertes d'une végétation luxuriante et entretiennent une humidité et une abondance de sources que l'on ne rencontre dans aucune autre partie de l'Algérie.

Aussi le sol, très fertile, était entièrement recouvert par une broussaille d'une hauteur et d'une épaisseur exceptionnelles, lorsque commencèrent les premiers travaux des colons lyonnais. Bien que tous les propriétaires, dont nous donnerons plus loin la liste, fussent absolument indépendants les uns des autres, ils procédèrent d'une façon identique dans la création de leurs vignobles, guidés d'ailleurs par les conseils et l'expérience de M. du Sablon : aussi les renseignements que nous donnons peuvent-ils, à très peu près, s'appliquer à toutes les propriétés.

Les vignes, plantées après défrichement et défonçage du sol, sont mises sur fils de fer après la troisième année. Les cépages, choisis avec soin, sont : le Pineau de Bourgogne qui, après expérience, paraît donner les meilleurs résultats, le Morastel, le Carrignan, le Mourvèdre et l'Alicante-Bouschet. Pour les vins blancs : le Pineau blanc dit Chardenet et la clairette d'Avignon. Les caves et les cuvages, orientés au nord, sont adossés à la montagne qui les préserve des vents du sud : on y utilise les nouveaux procédés dits de réfrigération, aussi les accidents de la fermentation sont inconnus. Les régisseurs sont tous des vignerons expérimentés du Lyonnais, du Beaujolais ou du Mâconnais. La propriété étant très divisée et les exploitations relativement peu étendues, ils peuvent faire de la culture soignée et intensive ; aussi le rendement moyen dépasse 100 hectolitres à l'hectare.

Les ouvriers sont tous des Kabyles indigènes : on les trouve sur place en abondance et dans des conditions économiques très avantageuses. Le Kabyle, agriculteur de race, s'est vite mis à la culture de la vigne, y compris la taille, que nous lui confions actuellement et dont il se tire très heureusement.

Le vin produit est remarquable par ses qualités de finesse et de fraîcheur : d'un degré alcoolique moyen, il est d'une belle robe et sans aucun goût de terroir. C'est un vin essentiellement fait pour la consommation bourgeoise : la plus grande partie, d'ailleurs, va directement à la clientèle dans le département du Rhône et la région environnante, où les propriétaires ont établi des dépôts.

Toutes ces propriétés, créées uniquement avec des capitaux de la région lyonnaise, sont actuellement en plein rapport. Elles ont absorbé tout le terrain susceptible de culture entre Bougie et l'oued Agrioum et constituent un vignoble important dont la production annuelle atteint 80.000 hectolitres.

Nous donnons la liste des propriétaires en suivant l'ordre topographique de Bougie au Chabet : MM. Pingly, Bataille, du Sablon, Ville frères (de Cours), Rebatel, Bouzon, Letourneur et de Gardon, Chavane, Garnuchot, Dumas et Bouyer, Poizat, Simon, Larcher, Beaulieu, Sonnery-Martin, Chapon et de Ponat, et MM. Ferrouillat et Julien, occupant le vaste terrain de la forêt d'Acheris.

Citons aussi à Djidjelli : MM. Arlin, docteur Girard et Pépin.

Note de M. le Dr Rebatel.

SOCIÉTÉ AGRICOLE LYONNAISE DU NORD DE L'AFRIQUE

Capital : *1.500.000 francs, divisés en 3000 actions de 500 francs.*
Siège social, à Tarare (Rhône).

La Société agricole lyonnaise du Nord de l'Afrique a été créée dans le but d'opérer la fusion de plusieurs sociétés de vignobles algériens créés et dirigés, depuis un certain nombre d'années, par M. Joseph Pepin, viticulteur, chargé de la partie technique, et par M. Alfred Pepin chargé de la partie commerciale et financière.

Nous allons énumérer les diverses affaires fusionnées en commençant par les propriétés de la région de Djidjelli qui sont les plus anciennes, et nous terminerons par les deux vignobles de la plaine de Bône.

A. RÉGION DE DJIDJELLI. —Les propriétés situées dans cette région se composent de plusieurs vignobles formant deux centres principaux d'exploitation mais relativement peu éloignés, ce qui permet, en cas de besoin, aux deux fermes, de se rendre de mutuels services.

Le premier groupe est à 4 kilomètres de Djidjelli (port d'embarquement). Il a été formé successivement par les fermes Guillot, Abdallah, Boukambel et Augagneur, toutes contiguës ou très rapprochées, et pouvant, dès lors, emprunter le même matériel agricole.

Le deuxième, à 8 kilomètres plus loin et sur la même route, forme une autre exploitation, dite Ferme de Bazoul, et possède un matériel et un personnel d'exploitation distincts. Chacune de ces fermes est établie dans des conditions géologiques et climatériques différentes, ce qui permet en toutes saisons l'utilisation des animaux de travail, et atténue grandement l'aléa d'une mauvaise récolte générale. Pour ces motifs aussi, chacune d'elles doit être jugée séparément : l'âge des vignes, leur création primitive différant, chacune d'elles présente des caractères particuliers et demande une mention spéciale ; nous devons donc les étudier à tour de rôle et dans l'ordre de leur création.

1° *Société civile des Colons lyonnais, créée en 1887.* — Les
« Colons lyonnais » comprennent les fermes primitives Guillot et
Abdallah. Ces fermes sont constituées par un plateau argilo-siliceux
non encore utilisé, des coteaux argileux, et une plaine riche en
alluvions et en humus, se terminant vers la mer par une zone
sablonneuse. La surface totale est de 110 hectares.

Sur cet ensemble, qui forme la clef du premier groupe, sont les
bâtiments d'exploitation, les logements de maître et de gérant, les
caves et une vaste cuverie récemment construites, parfaitement
agencées et protégées par une belle charpente métallique. Tous
ces bâtiments sont solides, en bonne maçonnerie ; les couvertures
modernes et bien entretenues ; les écuries saines, suffisantes, et les
bestiaux, jeunes pour la plupart et en bon état. La vaisselle vinaire
et les instruments agricoles sont bons et complets ; ils reçoivent des
soins d'entretien constants et sont largement suffisants aux besoins
de l'exploitation.

L'adoption des cépages est heureuse, la taille très régulière, et les
vignes d'une vigueur remarquable et soutenue. Le vignoble en rapport est, en son ensemble, de quarante hectares ; les vignes fournissent de 80 à 100 hectolitres à l'hectare, soit donc 3000 à 4000 hectolitres suivant les années, chiffres confirmés du reste par les
déclarations que le gérant a dû faire chaque année, soit à l'expert
phylloxerique, soit au maire de la commune, suivant l'usage.

2° *Vignoble de Boutambel, acheté en 1895.* — Contigu et facile
à réunir d'une façon complète aux « Colons lyonnais », il est analogue par la nature de son terrain. C'est un vignoble reconstitué et
non créé par les propriétaires actuels ; il n'a donc pas la même homo-
généité, mais, grâce à une bonne culture, il a repris une grande
vigueur et donne de belles récoltes. Si le rendement est un peu
moindre, le degré et la qualité sont supérieurs, ce qu'il doit à la
nature de ses coteaux. De nombreux greffages ont régularisé les
12 hectares actuels, et une récente plantation de 5 hectares, très
bien réussie, en augmentera à bref délai le rendement. La surface
totale est de 40 hectares.

3° *Ferme Augagneur.* — Cette parcelle, comprenant environ
sept hectares, est peu distante des autres et bordée par la même
route. Elle se compose d'une vigne de très fort rendement, moins
jeune que les précédentes, mais susceptible de donner encore de
grosses récoltes. Le sol est une alluvion très riche, et propre, soit à

une facile reconstitution en ceps américains si le besoin s'en faisait sentir, soit à toute autre culture industrielle.

4° *Société civile des vignobles de Bazoul, créée en 1890.* — Cette ferme, de création récente, comprend 80 hectares de terrain, dont 40 hectares de vigne en plein rapport. Les cépages ont été choisis avec un soin minutieux, et l'adaptation aux diverses natures de son sol variable est bonne.

Les terres sont sablonneuses, le sous-sol des coteaux est argileux, la zone inférieure se compose d'humus siliceux, conditions qui rendent le travail facile et peu coûteux. Le vignoble comprend, en proportions sagement équilibrées, les cépages fins : Pineau, Mourvèdre, Gamay ; et ceux à forte production ou haute couleur : Aramon, Petit-Bouschet, Alicante-Bouschet, etc... L'ensemble produit des vins fins, agréables à boire et estimés par le commerce. La taille a toujours été soignée et le rendement dépasse généralement celui des vignes voisines. Les bâtiments sont neufs, bien compris et sagement disposés, le matériel agricole bon et bien entretenu. Le climat est remarquablement sain, et la propriété est partagée par une route qui la dessert en entier et la relie aux « Colons lyonnais » dont elle n'est distante que de 8 kilomètres, ce qui la met à 12 kilomètres du port d'embarquement. Cette voie est appelée, dans un temps qui, espérons-le, ne sera pas trop éloigné, à être pourvue d'une traction rapide qui doit relier El Milia, et Djidjelli à Philippeville.

Au point de vue cultural, la perméabilité de son sol permet d'y travailler en toute saison et, dès lors, d'utiliser les forces qui pourraient être momentanément immobilisées par les terres plus compactes des autres fermes. La main-d'œuvre, fournie par les kabyles des tribus voisines, est abondante, assez bonne, et la sécurité absolue. La proximité des villages de Taher et de Chekfa assurerait au besoin le concours de la main-d'œuvre européenne.

B. RÉGION DE BÔNE. — Les propriétés possédées dans la plaine de Bône se composent de deux vignobles situés à 15 kilomètres l'un de l'autre et reliés tous deux à Bône par le chemin de fer de Bône-Guelma.

1° *Société civile des vignobles de Mondovi, créée en 1895.* — Cette Société avait été créée pour l'acquisition d'une ferme située à 18 kilomètres de Bône et limitée à l'ouest par les propriétés de la

Banque d'Algérie (Saint-Paul), à l'est par le vignoble de Guébar à M. Jérôme Bertagna, au nord par la voie du Bône-Guelma, et au sud par divers propriétaires. La surface de la propriété est de 190 hectares, dont 140 en vignes rapportant de 12 à 14.000 hectolitres de vin de bonne qualité, riche en couleur, en alcool et en extrait sec. C'est une plaine d'alluvion, abondante en humus et d'une fertilité remarquable, toutefois le sol contenant beaucoup d'argile est coûteux à cultiver.

Les bâtiments et le matériel vinaire sont en très bon état, les vendanges se font aussi bien que possible. La ferme possède des réfrigérants, et les divers appareils, pompes, fouloirs, pressoirs marchent mécaniquement à l'aide d'une locomobile appartenant à la Société.

La gare d'Oued-Iba, qui est située à l'extrémité de l'avenue traversant la propriété, rend très rapides les communications avec Bône.

2° *Ferme d'Oued-Besbès, commune de Randon.* Cette ferme a été achetée, il y a un an seulement, aux héritiers de M. Hély-d'Oissel ; elle se compose de trois lots de terrain ayant ensemble une surface totale de 550 hectares.

Sur le lot principal, qui est de 220 hectares environ dont 90 en vignes, se trouvent les bâtiments d'exploitation, logements et caves. Le terrain est silico-argileux et est très riche en humus ; la culture est assez facile et les rendements très avantageux, soit de 10 à 11.000 hectolitres en moyenne, dont un quart en vins blancs très appréciés. Les bâtiments sont en très bon état et le matériel vinaire est presque neuf. Les caves sont situées à environ 1500 mètres de la gare de Randon où sont embarquées les récoltes.

Un autre lot de 260 hectares de terres unies, toujours très fertiles, est loué à un colon, appelé Mechmech, pour l'élevage des bestiaux. Ce lot est situé à environ 3 kilomètres de la ferme d'Oued-Besbès.

Enfin, une troisième parcelle de 70 hectares de terres également fertiles, est louée à un autre colon ; elle est située à 1500 mètres de la ferme principale.

L'administrateur délégué, M. Joseph Pepin, qui habite Bône, est secondé dans la direction de ces diverses propriétés par un personnel dévoué et intelligent. Un gérant est à la tête de chaque ferme, et la plus grande partie du personnel est originaire de la région lyonnaise.

Note des Administrateurs délégués: MM. Alfred et Joseph Pepin.

MM. V. ET R. POISAT

Propriétaires.

VIGNOBLES D'AAGUEMOUN

à Oued-Marsa (Kabylie), près Bougie.

« Il y a environ dix-sept ans que, sur l'initiative de feu M. le comte du Sablon, alors conseiller général du Rhône et propriétaire en Algérie, nous nous sommes décidés à créer des vignobles dans la commune d'Oued-Marsa.

« Nous avons pu, au début, profiter des expériences faites par M du Sablon, et organiser rapidement un vignoble important, dans lequel nous récoltons actuellement environ 4500 hectolitres de vin d'excellente qualité.

« Satisfaits des premiers résultats, nous avons accepté de faire partie de la Société lyonnaise.

« Cette Société, constituée il y a environ quatorze ans, par MM. du Sablon et L. Sonnery, ancien député du Rhône, avait pour but de défricher un terrain à peu près inculte, mais parfaitement placé, pour faire un bon vignoble dans la commune d'Oued-Marsa.

« Jusqu'à ce jour, nous n'avons eu qu'à nous louer des résultats de ces deux exploitations.

« Dans nos vignobles d'Aaguemoun nous avons un régisseur avec un contremaître français ; tous les travaux de culture sont faits par les indigènes.

« Dans la Société lyonnaise, il y a la même organisation que chez nous ; les travaux de culture sont également tous faits par des indigènes. »

Note de M. Poisat.

M. DELORME

Propriétaire à Oued-Séguin.

« Arrivé en Algérie en 1869, j'achetais 417 hectares aux Ouled-Arema; aujourd'hui la ferme est d'une contenance de 1400 hectares.

« En 1893, j'ai créé une autre exploitation agricole dans la même commune et à 15 kilomètres environ de la première, au lieu dit Sadjar-el-Fougani; elle est d'une contenance de 600 hectares.

« La FERME DES OULED-AREMA comprend :

« *Cultures, 1400 hectares :*

> 38 hectares de vignes dont 15 irrigués;
> 90 hectares prairie naturelle irrigués,
> 30 hectares luzerne irrigués,
> Le reste est en terrain de labour et pacage,
> 150 hectares sont ensemencés par an en céréales.

« *Bétail :*

> 3000 moutons achetés sur les marchés de la contrée sont engraissés annuellement et expédiés à Marseille.
> 400 bœufs ou vaches; les bœufs sont engraissés pendant l'hiver à l'étable et sont vendus à Constantine.

« *Personnel :*

> 12 gagistes européens (français).
> Les indigènes sont employés comme journaliers, leur nombre varie de 20 à 60 suivant l'époque, les troupeaux sont en outre gardés par les indigènes.

« Tous ces terrains qui composent la ferme formaient le village des Ouled-Arema; ce village, créé en 1862 par l'administration, fut peuplé d'Alsaciens; mais tous ces colons disparurent au bout de quelques années, la plupart d'entre eux étant morts à la suite de fièvres paludéennes, et les autres vendirent leurs propriétés à vil prix à des spéculateurs à qui je les ai ensuite achetées.

« Aujourd'hui, près des constructions et de la maison d'habitation se trouvent un bois de pins de 3 hectares, un verger avec jardin potager de 1 hectare ; tous les canaux d'irrigation, les bords des rivières Oued-Séguin et Rhumel, sont plantés en saules, trembles, frênes et ormeaux ; toutes ces plantations ont été faites par moi, elles ont contribué puissamment à l'assainissement de la contrée.

« La Ferme Sadjar-el-Fougani comprend :

« *Cultures, 600 hectares :*

15 hectares de prairie naturelle arrosés par plusieurs sources.
Le reste est terrain de labour.

180 hectares sont ensemencés par an en céréales.

« *Bétail :*

1500 moutons sont engraissés annuellement et vendus à Marseille.

100 bœufs ou vaches, les bœufs sont engraissés l'hiver et vendus à Constantine.

« *Personnel :*

3 gagistes européens (français).

Les indigènes sont employés comme bergers et aux divers travaux.

« Un moulin à deux paires de meules actionnées par un moteur à pétrole fait de la mouture pour les indigènes de la contrée. »

Note de M. Delorme.

M. CHARLES HAYN

Minotier et agriculteur à Sidi-Bel-Abbès.

M. Charles Hayn, de Lyon, exploite à Sidi-Bel-Abbès une usine pour la fabrication de la farine et semoule, qui nécessite annuellement 30.000 quintaux métriques de blé ; l'usine à l'eau, construite il y a trente-cinq ans, a été complètement transformée par M. Hayn, la force motrice est de 40 chevaux-vapeur. A côté de son usine, M. Hayn possède une propriété de 325 hectares, sur laquelle il a planté 60 hectares de vigne qui lui donnent un rendement de 30 à 35 bordelaises de 200 litres par hectare ; ces vins sont très goûtés dans la contrée et ont obtenu plusieurs récompenses. Le surplus de la propriété est consacré à la culture des céréales : blé, orge et avoine, et à l'élevage du bétail : bœufs, moutons et porcs.

M. VIALAN

Propriétaire à Rouffach.

« Arrivé en Algérie à l'âge de vingt et un ans, en 1858, pour y faire mon service militaire, je me suis fixé dans ce pays à l'expiration de mon deuxième congé, c'est-à-dire après quatorze ans de service. Employé d'abord pendant douze ans, dans des fermes de la région de Constantine, à Bizot, je m'installai à l'âge de quarante-sept ans, pour mon propre compte, à Rouffach (près Constantine), dans une propriété d'origine domaniale achetée 5000 francs à un colon alsacien retournant dans son pays. Cette propriété d'une contenance totale de 46 hectares en divers lots, dont 45 hectares de terres de labour et 1 hectare de vigne ou prairie, nécessita encore des travaux d'amélioration ou d'agrandissement de bâtiments pour 4000 francs environ. L'acquisition des bêtes et du matériel d'exploitation me coûta 2000 francs environ. Les frais de premier établissement me revinrent donc à 11.000 francs environ, et c'est sur cette première mise que j'ai marché jusqu'à ce jour.

« Le manque de voies d'exploitation carrossables et l'éloignement des terres de labour m'engagèrent à adopter les procédés arabes, c'est-à-dire : labourage à la charrue arabe, transport des récoltes par bêtes de somme, battage de la récolte aux pieds des animaux. Les travaux de labour, moisson et battage, sont faits en association avec les fellahs arabes qui touchent pour leurs peines le cinquième de la récolte (de grains seulement).

« Ce procédé me paraît, jusqu'à nouvel ordre, le seul praticable pour une petite exploitation où l'éloignement des terres à plusieurs kilomètres empêche toute surveillance efficace contre la paresse des ouvriers ou les déprédations des indigènes. J'ajoute que l'étendue de mes terres n'étant pas suffisante pour y pratiquer le seul assolement permis dans ce pays, c'est-à-dire : jachère et céréales, je dois louer tous les deux ans une étendue de terre égale à la mienne pour laisser reposer mes terres. Les fourrages naturels que je récolte alors sur la jachère me dédommagent de la location des terres cultivées en céréales.

« Les seules cultures que je puisse faire directement sont

celles de la vigne et des légumes dans les lots voisins du village.
L'hectare de vigne que j'ai plantée moi-même me donne annuellement de 40 à 50 hectolitres de vin, que je trouve à placer à
Constantine à des prix rémunérateurs. Mon jardin suffit à la
consommation familiale.

« J'arrive ainsi à me tirer d'affaire sans trop de peine et à
pouvoir faire face même aux années calamiteuses qui sont assez
▸fréquentes en Algérie. »

M. ROMÉAS

Colon à Toqueville.

« Je possède à Tocqueville environ 200 hectares de terrain ;
j'ai acheté, le premier lot, 100 hectares environ, à la vente des terrains domaniaux de décembre 1892, et le 2e lot à la vente de
mai 1894 ; ces lots sont payables en six annuités.

« Le premier de ces lots m'est revenu avec les frais, à environ
13.000 francs et le 2e à 4500 francs ; j'ai établi sur le premier
lot pour environ 20.000 francs de constructions.

« Je suis arrivé en Algérie avec ma famille le 30 avril 1893.
J'ai d'abord installé ma famille à Sétif (la mère et cinq enfants),
en attendant l'établissement des constructions.

« Nos principales cultures sont le blé, l'orge, les pommes de
terre, qui donnent de bons rendements ; les pâturages sont excellents pour l'élevage du mouton ; le climat est trop froid pour
les différentes cultures du littoral, orangers, oliviers, etc. ; la vigne
y vient très bien, mais les gelées tardives compromettent quelquefois la récolte.

« Tocqueville est à 1100 mètres d'altitude. Néanmoins il est un
des centres les plus prospères de l'Algérie, le climat y est très
sain, les eaux abondantes, et l'exploitation des phosphates a
contribué à donner de la valeur aux propriétés, quoique les plus
riches gisements ne soient pas encore donnés à l'exploitation, ce
qui est regrettable.

« J'occupe quatre indigènes ou khammès par lot de 100 hec-

tares, soit huit pour les deux lots ; ils font tous les ensemence-
ments ou labours, travaillent aux moissons, aux battages, mettent
le grain en magasin ou le transportent en gare ; leur paiement est
le cinquième de la récolte, mais ils remboursent le cinquième
des frais de moissons ; ils habitent sur la ferme, et on les rend
responsables des vols qui peuvent s'y commettre, précaution indispensable, sinon ils sont presque toujours les premiers voleurs.

« Les femmes des khammès doivent gratuitement faire les
travaux intérieurs de la ferme, entretenir les cours, nettoyer les
écuries, apporter l'eau nécessaire, traire, etc.

« Quant à l'écoulement de mes récoltes, des courtiers viennent
acheter sur place, pour expédier soit sur Sétif, soit sur Bougie.

« Les deux fermes me rapportent une moyenne de 10.000 francs
nets, par an, l'élevage de 2 à 3000 francs, soit au total 12.000 francs
environ. »

M. JEAN GAVILLON

Propriétaire à Sidi-Bel-Abbès.

(Les deux notes reproduites ci-après émanent de deux des premiers colons algériens qui, à force de travail, sont parvenus à une
situation aisée, c'est à ce titre que nous les donnons *in extenso.)*

« Né à Caluire, près Lyon, le 19 mars 1820, je fis à Lyon mon
apprentissage de charcutier.

« Entendant parler de notre nouvelle colonie d'Algérie, je résolus
d'aller m'y créer une situation, et je partis, en 1840, en faisant le
trajet par étapes, le chemin de fer n'existant encore pas. Je m'embar-
quai sur une barque à voile, à Toulon, et je mis trois semaines en
mer pour atteindre le port d'Alger, où je me plaçai dans plusieurs
maisons comme garçon charcutier, puis à Oran et de là à Arzeu, où
je m'installai à mon compte en 1850, après avoir épousé une
Lyonnaise. La même année, nous vînmes à Bel-Abbès, où je m'occu-
pai de charcuterie et de boucherie ; à partir de 1875, je me suis
occupé plus particulièrement de mes propriétés, que j'avais acquises
par mon travail, tout en continuant à faire le marchand de bestiaux
et à cultiver des céréales que je vends sur place à des courtiers.

J'utilise en grande partie, dans mes fermes, la main-d'œuvre indigène qui est moins chère.

« J'ai deux propriétés où je fais des céréales aux environs de Bel-Abbès et de la contenance de 470 hectares; deux autres à Sidi-Daho, entre Bel-Abbès et Aïn-Témouchen, de la contenance de 800 hectares, où je fais la culture de céréales et l'élevage de bestiaux, puis trois maisons à Bel-Abbès.

« Tous les deux ans, nous sommes heureux, ma femme et moi, de retourner respirer notre air natal de Lyon, où nous passons deux mois, laissant en Algérie nos enfants qui y sont mariés. »

M. BROYAT

Propriétaire à Ouled-Fayet.

« Ayant perdu ma mère très jeune, mon père, sur les instances d'un voisin qui avait déjà des parents à Ouled-Fayet, partit avec lui en Algérie; ceci se passait en 1845. Nous allâmes à Toulon pour nous embarquer; en ce temps-là on ne partait pas de Marseille, mais lorsque nous arrivâmes, le courrier était parti; il fallait attendre huit jours pour prendre le prochain courrier, mais mon père qui était pressé s'embarqua sur un petit voilier, avec mon frère plus âgé que moi et mes deux sœurs.

« Après une tempête terrible qui nous surprit en pleine mer, nous débarquâmes enfin à Alger.

« Lorsque nous arrivâmes à Ouled-Fayet, les concessions étaient toutes données, mon père dut me placer comme berger, j'avais alors neuf ans; mon frère, qui avait six ans de plus que moi travaillait à la journée avec mon père. Les journées étaient rares et ne se payaient que 2 francs.

« Bien des fois, dans la ferme où j'étais placé, il m'a fallu, avec une pierre, casser des palmiers nains, pour en manger le cœur, ou me nourrir d'escargots, afin d'apaiser ma faim, car on était loin de l'aisance. Il y avait même des colons qui allaient chercher de la soupe à la Trappe de Staouëli, distante de 4 kilomètres.

« Nous sommes restés trois ans en Algérie, puis nous retournâmes en France; nous y restâmes quatre ans et, en 1852, nous sommes revenus une seconde fois en Algérie, pour nous y fixer définitivement. Depuis ce temps-là, nous ne sommes plus retournés en France.

« Nous commençâmes à travailler, nous louâmes des terres à moitié; les récoltes donnaient assez bien; après la mort des miens, je me mariai et je continuai à louer des terres; puis, ayant trouvé de l'argent à emprunter, j'achetai successivement quatre concessions toutes en broussailles.

« Je les fis défricher pour les mettre en valeur, j'élevai ma famille, tout en payant encore un large tribut aux maladies. Maintenant je sème du blé, je fais du fourrage, je plante de la vigne, ce qui est le meilleur en ce moment-ci pour l'Algérie, et j'ai un peu de bétail pour faire les travaux de culture.

« Quant à la main-d'œuvre indigène, je l'utilise peu, car mes enfants travaillent la propriété avec moi. J'ai obtenu une grande confiance envers les indigènes, ils me portent leur argent qu'ils ont gagné pour le leur garder, en attendant qu'ils en aient besoin.

« Je n'ai pas de relations avec l'étranger, très peu avec la métropole.

« Voilà bientôt cinquante ans que je ne suis plus retourné en France, pour voir mon village qui est Saint-Nizier d'Azergues, dans le Rhône. »

M. GOBET

Entrepreneur de serrurerie à Thiers.

« J'ai fondé à Thiers, depuis 1889, un établissement de serrurerie mécanique et d'instruments agricoles, tant pour les colons que pour les indigènes. La main-d'œuvre indigène ne donne qu'un très mauvais résultat dans l'industrie, elle ne peut être utilisée que pour les travaux d'homme de peine, avec une surveillance active si l'on ne veut pas être trompé et volé.

« Mes relations avec la mère patrie sont pour acheter les marchandises, fers, aciers et autres, provenant de Saint-Etienne, Paris, Lyon, etc. »

M.Gobet exprime le regret que le colon, auquel on donne une concession, n'y soit pas encore installé que bien souvent il est déjà la proie l'usurier.

« Il faudrait, dit-il, rendre la concession insaisissable pendant quatre-vingt dix ans au moins, à condition que le titulaire l'habite, lui ou sa famille ; de cette façon, nous aurions une population entièrement française et assise ; on pourrait commencer par la suppression de toute hypothèque judiciaire sur les petites propriétés occupées par des Français ou naturalisés français, ce qui enlèverait toute prise de la part des usuriers. »

PROPRIÉTÉ GIRARD-ARLIN

Domaine d'El-Achouate[1], commune de Taher, près Djidjelli, Petite Kabylie, département de Constantine.

Le domaine d'El-Achouate est situé sur le bord de la mer, à l'embouchure de l'oued Djendjen, à 6 kilomètres du village de Taher, à 14 kilomètres de Djidjelli, port d'embarcation.

Les routes d'accès sont aujourd'hui assez bonnes et bien entretenues, mais celle qui conduit à Djidjelli n'a pas de pont sur l'oued Djendjen et ne peut pas être utilisée dans la saison des pluies.

Le port de Djidjelli n'est pas sûr ; les bateaux ne peuvent pas s'y risquer lorsque la mer est mauvaise.

Les communications avec les autres villes sont des plus difficiles. L'achèvement de la route de Bougie et les travaux projetés du port de Djidjelli sont nécessaires pour donner la vie à cette région si riche et si belle, jusqu'à ce jour si déshéritée.

La propriété, d'une contenance de près de 300 hectares, possède des terrains de diverses natures, sables, alluvions, et des terrains en coteaux, pourvus de phosphates.

La culture principale, celle qui donne les meilleurs résultats, est la culture de la vigne.

La culture des céréales a donné jusque-là des rendements

[1] El Achouate, pluriel de Chott, étang.

médiocres; mais il est possible de tirer meilleur parti des riches terrains d'alluvion qui s'étendent le long de la rivière.

Une prairie de 100 hectares est d'un rapport assez constant; elle permet de faire de l'élevage et de l'embouchage.

Les arbres fruitiers y viennent admirablement et donnent des fruits excellents, pêches, prunes, abricots, poires, cerises, etc.

Cette année, une oliveraie a été créée et une plantation importante d'amandiers a été faite.

La culture des primeurs donnerait d'excellents résultats, à en juger par les essais tentés, mais doit être ajournée jusqu'à la construction d'un port

La propriété est à peu près entièrement défrichée, sauf 10 hectares environ en taillis, et 20 hectares de francs-bords utilisés comme pacage.

Toute la propriété est sillonnée de canaux d'assainissement qui se déversent dans l'oued Djendjen.

On étudie le moyen le plus économique pour irriguer les terrains de plaine et la prairie, ce qui permettra de faire, avec succès, des cultures de luzerne, trèfle, betteraves, maïs, etc., si utiles pour l'engraissement des bêtes à cornes.

Le mouton ne réussissant pas sur le littoral et principalement dans notre région, on n'élèvera que l'espèce bovine qui, après engraissement, est expédiée à Marseille.

L'élevage du cheval, et plus particulièrement du mulet, donne d'excellents résultats.

Vignoble d'El-Achouate. — Le vignoble, actuellement, est de 56 hectares environ, dont 44 hectares en rapport et 12 hectares qui donneront cette année une première récolte.

Il se compose d'environ 20 hectares en vieille vigne, situés dans la plaine et contenant des cépages très utiles, dont beaucoup d'indigènes. La vigne est plantée à 3 mètres en tous sens et ne donne guère qu'un rendement de 50 hectolitres à l'hectare. Quatorze hectares dans les dunes, vignes carignans pour les deux tiers et morastel pour un tiers, rendent très irrégulièrement. Ces vignes des dunes ont, chaque année, à souffrir des vents de mer, qui soufflent avec violence en hiver et au printemps. Dans beaucoup d'endroits le sable, que rien ne fixe, est emporté, déracinant complètement les ceps, ou les recouvrant d'une couche énorme.

Un essai d'ajoncement doit être tenté cette année à Aigues-Mortes. On fixe ainsi les sables en les recouvrant de joncs au printemps et à l'automne, joncs que l'on étend sur le sol et que l'on enterre légèrement avec des voiturettes munies de roues de tôle qui passent entre les raies de vignes.

Certaines parties des dunes abritées du vent de mer donnent encore des récoltes moyennes ; mais le rendement est de moins de 5o hectolitres à l'hectare.

10 hectares de vigne sur fil de fer (espalier), montants en fer, dont :

2 hectares 3/4 donnant près de 2oo hectolitres à l'hectare en moyenne (petit Bouschet). La récolte de cette année a été de 23o hectolitres à l'hectare.

7 hectares (Pineau, deux de blanc, cinq de rouge) donnant une récolte moyenne de 1oo hectolitres à l'hectare.

Moins d'un demi-hectare de vignes Morastel, donnant plus de 1oo hectolitres à l'hectare en moyenne.

2o hectares de vieilles vignes plants mêlés, de près de vingt ans, plantés à 3 mètres sur 3 mètres et donnant une récolte moyenne de 5o hectolitres à l'hectare.

Enfin 12 hectares de vignes nouvelles sur fil de fer, pineau sélectionné, appelés à donner une première récolte cette année.

La récolte de cette année a été de 38oo hectolitres. Nos prévisions pour les années suivantes sont de 4ooo à 5ooo hectolitres.

Le vin de cette année est plus riche en couleur et paraît de qualité supérieure, alors que dans la même région les vins manquent d'alcool et de couleur. Ce résultat nous semble provenir de ce que l'on a vendangé plus mûr et que les fermentations se sont mieux faites, grâce à l'emploi du réfrigérant.

Les vins obtenus, rouges et blancs, sont de vente facile au détail.

Le vin blanc fait avec des raisins blancs Pineau, se vend 5o à 6o francs l'hectolitre et pèse 11 degrés alcool.

Le vin rouge mêlé, qualité unique, se vend 35 et 4o francs l'hectolitre (prix de Lyon) 9°,5 alcool.

Les traitements culturaux sont assez dispendieux.

Il consiste en sulfatage, cinq par an au minimum ; en soufrage que l'on répète suivant les saisons trois ou quatre fois, en badigeonnant les ceps avec une solution d'acide sulfurique et de sulfate de fer.

Mais le traitement pour l'altise est surtout le plus dispendieux. Il faut, plusieurs mois durant, ramasser les insectes, travail qui est fait par de jeunes indigènes.

Les vignes des dunes sont fumées avec le fumier de ferme.

Les vignes de la plaine ne reçoivent aucun engrais. Les terrains de la plaine sont riches en azote et en phosphates, mais ce sont des argiles plastiques qui ont besoin· d'être aérées et drainées. Aussi chaque année on enterre dans des canaux d'une certaine profondeur, creusés de distance en distance dans les rangs de vignes, tous les sarments de la taille. Ces fossés, qui communiquent avec les grands canaux d'assainissement et qui ont une légère pente, constituent un drainage des terrains. Les sarments avec le temps deviennent un véritable engrais.

Après la culture de la vigne, le principal rapport du domaine d'el Achouate est l'élevage et l'engraissement des bovins. Chaque année deux cents bêtes au minimum sont vendues, pour la plupart à Marseille.

Des écuries bien construites, bien fermées, vastes et aérées, pourvues d'un abreuvoir, servent de logement aux bœufs achetés jeunes et maigres. Mais le résultat obtenu est loin d'être aussi rémunérateur qu'il le serait si, au foin et autre nourriture employés on ajoutait la luzerne, les betteraves, le maïs et les produits, qu'une irrigation possible de nos terrains pourrait fournir.

C'est à réaliser au plus vite un mode pratique d'irrigation que doivent tendre nos efforts.

L'embarquement des bestiaux est aussi une grosse difficulté, inhérente à l'insécurité de notre port à Djidjelli, inabordable pour les bateaux lorsque la mer est mauvaise.

Des jardins et une orangerie ont été créés, mais ne peuvent être considérés que comme agrément.

De nombreuses plantations d'eucalyptus et de frênes ont été faites pour assainir les terrains.

Le matériel agricole du domaine de l'Achouate comprend :

Un matériel moderne, moissonneuse, batteuse, faucheuse, presse à foin et tous les instruments aratoires utiles à la culture.

Onze mulets, cinq chevaux et deux ânes servent pour les labours, les voiturages et la reproduction.

Le matériel vinicole comprend :

2 pressoirs, 2 pompes à vin, 4 broyeuses, 1 réfrigérant, 1 filtre, 1 étuveuse à vapeur, 1 rinceuse mécanique, 1 alambic.

Vases vinaires. — 17 grands foudres en bois d'une contenance d'environ 2000 hectolitres, des demi-muids en quantité suffisante pour recevoir toute la récolte, et tous les ustensiles vinaires d'une cave.

Le bois est destiné à être remplacé dès cette année par le ciment : cuves en ciment avec revêtement de verre, amphores en ciment.

Les bâtiments d'exploitation comprennent le logement du gérant et des maîtres, le logement d'un vigneron, les écuries des bêtes employées à l'exploitation, les hangars, les remises et les caves.

Ces bâtiments forment un vaste quadrilatère au milieu duquel se trouve un abreuvoir alimenté, au moyen d'une noria, d'une eau de bonne qualité et intarissable.

Les écuries des bêtes à cornes sont situées à 2 kilomètres, au bout d'une prairie et sont gardées par des Arabes.

Le personnel est composé de deux familles européennes, un gérant et un vigneron. Dix Arabes environ gardent la ferme et les écuries.

Les ouvriers sont recrutés parmi les indigènes voisins, Kabyles, travailleurs passables, qui sont payés 1 fr. 50 environ par jour.

Les frais d'exploitation varient entre 35 et 40.000 francs.

Le capital employé est d'environ 300.000 francs.

TUNISIE

———

Comme l'Algérie, la Tunisie a été en partie colonisée par les Lyonnais, dont la seule ville de Tunis compte environ un millier. Mais le caractère de cette colonisation est différent : en Algérie, nos compatriotes ont fourni et leurs personnes, comme colons ou employés, et leurs capitaux. En Tunisie, les Lyonnais ont surtout apporté leurs capitaux, et tout de suite ils se sont donnés à la grande colonisation.

Ainsi que pour l'Algérie, nous indiquerons, avec quelques renseignements sommaires, les principaux agriculteurs, négociants ou industriels lyonnais établis dans la régence, puis nous reproduirons les notices que nous avons obtenues d'un certain nombre d'entre eux.

A. — Agriculteurs.

Les plus importants agriculteurs lyonnais du contrôle de Tunis, sont :

MM. Terras père et fils, qui possèdent deux belles propriétés, l'une au Mornag, et l'autre à Zarouni.

La propriété d'Ahmed-Zaïd, au Mornag, achetée et mise en exploitation par MM. Terras, en 1885, comprend 870 hectares cultivés à l'européenne. Un vignoble de 140 hectares est actuellement en plein rapport. Le domaine de Zarouni, acheté en 1887, comprend 280 hectares.

Les vins de MM. Terras sont appréciés et ont obtenu plusieurs médailles dans différents concours.

M. Charmetant est installé au Mornag, où il possède la propriété des Charmettes, depuis 1886 : 210 hectares de terre, sur lesquels un vignoble de 57 hectares a produit, en 1897, près de 3000 hectolitres de vin.

Une cave pouvant contenir 4000 hectolitres, a été édifiée sur le domaine, où 15 hectares d'amandiers ont été plantés ces dernières années.

En outre, M. Charmetant a obtenu dans les environs de Sfax deux concessions de terres sialines qu'il se propose de complanter entièrement en oliviers : el Mouallen a 185 hectares et Hamada 44.

MM. Moret et Boussand ont acheté, en 1886, au Mornag, une propriété (Boucherana) de 210 hectares, sur laquelle ils ont créé un vignoble de 80 hectares, dont la récolte s'est élevée, en 1897, à 3928 hectolitres. *(Ci-après une notice sur cette exploitation.)*

MM. Louis Chavent, Emile Birot, Drevon et d'Espaigne, propriétaires à l'Oued-Ramel depuis 1891. (Voir *Notice spéciale.)*

M. l'abbé Boisard a fondé, en 1892, l'orphelinat agricole de Sainte-Marie-du-Zit, à l'Oued-Ramel. Cette propriété, située dans le caïdat de Zaghouan, est d'une étendue de 1050 hectares. *(Plus loin un rapport détaillé sur cette entreprise.)*

M. Chavent, Augustin, dans le caïdat de Zaghouan, possède le domaine de Sidi-Chérif, d'une superficie de 300 hectares, acheté et mis en exploitation pendant l'année 1893.

Mme veuve Chevallard, domaine el-Aousdja, caïdat de Zaghouan, 1800 hectares, acheté en 1887.

A Kairouan, M. Magnan René possède et met en culture le vaste domaine de Saadia, qui a une étendue de 10.000 hectares.

Mmes de Clairères, domaine de Douahria, à 4 kilomètres de Souk-el-Khemis (contrôle civil de Souk-el-Arba) ; 700 hectares (céréales et fourrages) ; acheté en 1894.

MM. Delangle et Cie, domaine de Fioud (contrôle de Souk-el-Arba); 80 hectares (céréales); acheté en 1887.

M. Charrin, Amédée, fermier du domaine de M. de Laplanche, à Souk-el-Khemis; 800 hectares (céréales et bétail).

M. Lançon, au Khanguet et au Mornag, possède deux propriétés, d'une superficie de 4075 hectares, avec un vignoble de 35 hectares.

Importants bâtiments d'habitation et d'exploitation. Achetés en 1889.

M. Gillet, Joseph, propriété de Nepheris, au Khanguet (contrôle civil de Grombalia) ; 5oo hectares, dont 45 hectares plantés en vigne. Achetée en 1889.

Héritiers de M. Gillet, François, propriété de Bir-Chadli, au Khanguet ; 6oo hectares, dont 4o plantés en vigne. Achetée en 1886.

Ces deux propriétés possèdent d'importants bâtiments d'exploitation.

M. Seris, dans le contrôle de Sfax, a obtenu de l'Administration deux propriétés faisant partie des terres sialines, savoir :

1° « La Marguerite », d'une étendue de 563 hectares et pour laquelle un titre définitif lui a été délivré le 29 avril 1895, et qui est entièrement complantée d'oliviers ;

2° « Le Taureau », d'une superficie de 1355 hectares, pour laquelle une autorisation de planter lui a été délivrée le 21 novembre 1895.

M. le Dr Rendu a obtenu une autorisation de planter le 14 mars 1894, pour une propriété du même genre que celle de M. Seris, dans les environs de Sfax. « Le Jujubier », nom de ce domaine, est d'une contenance de 1095 hectares entièrement complantés en oliviers.

B. — Commerçants et industriels importants.

M. Glandut, venu en Tunisie en 1887, a établi à Sfax, en 1888, une fabrique d'huile d'olive agencée avec tout le matériel moderne.

Cette usine permet actuellement à M. Glandut de fabriquer de 25oo à 35oo kilogrammes d'huile par jour, selon les rendements, et ses magasins sont assez vastes pour contenir 3oo.ooo kilogrammes d'huile. A été l'un des promoteurs de la fabrication des huiles fines en Tunisie.

M. Bena, à Sfax depuis 1890, s'est occupé de l'exportation des céréales, et possède depuis 1893 une usine à vapeur pour la fabrication de l'huile d'olive. Cette usine est munie d'un matériel perfectionné, qui donne d'excellents résultats pour la fabrication.

M Targe, à Tunis, est l'administrateur de la Société des mines de Zaghouan, que l'on peut dès lors considérer comme œuvre lyonnaise, tout au moins en partie.

La mine de Zaghouan (calamine), concédée à la « Société anonyme des mines de Zaghouan », par décret du 13 décembre 1894, est située à 60 kilomètres de Tunis, constituée par deux gîtes principaux : le gîte Louis et le gîte Lucien.

Par suite des travaux exécutés, le gîte Louis a été reconnu sur une longueur de 100 mètres ; il paraît contenir 20.000 tonnes de minerai exploitable. Le gîte Lucien, étudié à l'aide de divers puits et galeries, peut contenir 15.000 tonnes.

Différents points minéralisés existent encore à Zaghouan.

Le minerai se rencontre à l'état de carbonate de zinc, moins souvent à l'état de silicate ou d'oxyde. Teneur moyenne, environ 40 pour 100 de zinc.

A l'intérieur, le minerai circule à l'aide d'un Decauville de 50 centimètres sur 700 mètres de longueur. Arrivé au jour, un système de bennes et de câbles aériens, que trois hommes suffisent à manœuvrer, l'amène aux fours de calcination.

Les fours sont reliés à la route de Tunis à Zaghouan par une route charretière de 15 kilomètres de long. La station de chemin de fer la plus rapprochée est à 15 kilomètres environ. Par la route, les transports, effectués par arabas, coûtaient quinze francs la tonne, avant l'achèvement du chemin de fer de Tunis à Zaghouan.

Le minerai est trié à la sortie de la mine. Deux fours à cuve ordinaires produisent chacun 5 à 6 tonnes de minerai calciné par jour. Un four à reverbère est en construction.

La mine, en pleine exploitation, emploie 150 ouvriers. En 1894, l'extraction a été de 12.000 tonnes de calamine brute, qui a produit 5000 tonnes de calamine calcinée. Le prix de revient est d'environ 68 fr. par tonne, tous frais compris, sous palan à Tunis. La valeur du minerai est d'environ 80 fr. la tonne.

A Tunis, MM. Durieux et Revolon ont établi une maison importante de fer et de quincaillerie qui prend chaque année de l'extension.

MM. Morel et Livet sont, dans la même ville, à la tête d'une maison pour la vente des bois du Nord qui a pris un développement considérable.

La Brasserie Georges, installée depuis deux ans à peine à Tunis, a réussi, et ses produits sont vendus dans tout le territoire de la Régence.

M. Charpin, négociant et propriétaire à Tunis également, s'occupe de l'exploitation des mines du Bou-Zaber (contrôle civil du Kef) (zinc et plomb argentifère.)

M. Boury, à Tunis, où il est arrivé en 1882, s'est établi armurier la même année ; au début, il s'est exclusivement occupé de la vente et de la réparation des armes. En 1894, il ajouta à cette industrie la vente et la réparation des instruments de pesage et de tous leurs accessoires, puis celle des bicyclettes.

M. Boury a installé une succursale de sa maison à Sfax.

A Gafsa, M. Rey a fondé une maison qui s'occupe, en gros et en détail, de l'épicerie, de la boucherie, de la boulangerie et de la fabrication d'eaux gazeuses. Il dirige aussi un hôtel et un café.

A Sousse, MM. Gaudioz frères vendent de la quincaillerie et de l'ameublement ; M. Amblard tient un établissement de serrurerie ; M. Brun, une pharmacie ; M. Allègre est coiffeur ; M. Demeure, photographe ; M. Daragnon, charcutier.

A Bizerte se trouve M. Arnoudin, qui est entrepreneur du pont transbordeur ; M Deschamps est établi dans la même ville comme quincaillier.

Enfin, sur les bords du lac de Bizerte, à Ferryville, ainsi qu'il en sera fait mention dans une notice spéciale, les Lyonnais sont en voie de contribuer à la création de cette nouvelle ville.

MM. MORET ET BOUSSAND

Propriétaires à Haut-Mornag près Tunis (DOMAINE DE MONTCIZET).

Vers la fin de l'année 1885, MM. Moret et Boussand de Lyon vinrent en Tunisie dans le but d'y créer un important vignoble.

Le phylloxera sévissait alors avec toute son intensité dans le midi de la France ; les plantations des cépages américains étaient à peine commencées ; on doutait alors de leur réussite, et personne ne pouvait prévoir alors la rapidité avec laquelle la reconstitution des vignobles de cette région devait en augmenter la production.

Le prix du vin était élevé ; les conditions paraissaient donc des plus favorables à la création d'une entreprise de ce genre, et l'esprit aventureux, en même temps que pratique, de M. Émile Moret qui

Vue générale de la propriété.

devait être le créateur et le directeur de l'exploitation, en saisissait tous les avantages.

C'est seulement après avoir parcouru dans tous les sens les départements d'Alger et de Constantine, que MM. Moret et Boussand se sont décidés pour la Tunisie, pays nouvellement conquis, où la vie était à meilleur marché, la salubrité plus grande, la sécurité plus complète, et où les fonctionnaires, moins nombreux et mieux choisis qu'en Algérie, étaient déjà des auxiliaires de la colonisation.

La richesse de la Tunisie sous la domination romaine était un sûr garant de son avenir, c'est donc avec la plus grande confiance qu'ils vinrent s'établir dans ce pays.

Dès leur arrivée, ils ont parcouru le territoire de la Régence dans un rayon de 60 à 70 kilomètres autour de Tunis, et, à ce moment, leur tâche était singulièrement ardue.

Le colon qui débarque maintenant en Tunisie peut trouver, du jour au lendemain, ce qu'il cherche ; la direction de l'agriculture à Tunis, centralise les renseignements utiles sur toutes les régions, et, grâce à l'obligeance bien connue du savant Directeur de ce service, le nouvel arrivant a de suite à sa disposition des documents précieux, fruits soigneusement enregistrés de ses études et de l'expérience des colons.

En 1885 il n'en était pas ainsi, et chacun devait se préoccuper d'étudier par lui-même la salubrité du climat, la qualité des terres, et enfin et surtout le régime de la propriété, afin d'avoir la sécurité dans l'achat.

Ce n'est qu'après de longues recherches et de nombreuses hésitations, que MM. Moret et Boussand ont fixé leur choix sur les coteaux de Mornag, à 20 kilomètres au nord-est de Tunis, à 1800 mètres de la gare de Haut-Mornag, dans une partie abritée par les massifs montagneux du Bou-Kournine et du djebel Rsas, dont le sol moyennement compact et fertile semblait offrir à la réussite de la vigne les conditions de bonne exposition qu'elle réclame.

MM. Moret et Boussand ont acheté leur propriété à un Lyonnais, M. Lançon, qui, il n'est que juste de le reconnaître, a été le grand promoteur de la colonisation des Lyonnais en Tunisie.

A ce moment il n'y avait sur toute sa surface, qui comprenait avec les parties montagneuses plus de 500 hectares, ni arbres, ni constructions d'aucune sorte, pas même un gourbi ; les neuf dixièmes du terrain étaient recouverts de broussailles, chênes verts, oliviers sauvages, lentisques et jujubiers, et c'est à peine si 40 hectares étaient cultivés tous les deux ans, à la charrue arabe.

Dès le printemps de 1886, M. E. Moret, qui n'avait à ce moment que vingt-deux ans, se mit énergiquement à l'œuvre ; installé sous une tente, il commença de suite les constructions, fit défricher et défoncer les terres, et enfin s'occupa des premières plantations, après avoir procédé à l'arrachage préalable du chiendent, le grand ennemi des vignes en pays chaud.

En cinq années, 80 hectares ont été plantés, les bâtiments d'habitation et de ferme construits, les chais nécessaires à la vinification de 6000 hectolitres installés. Les défrichements ont été faits avec beaucoup de soin, de façon à ne laisser en terre aucune racine ; quant aux défoncements nécessaires pour mettre la vigne à même de résister à une grande sécheresse, ils ont été opérés, soit à l'aide d'une forte charrue à bœufs, soit à la charrue à vapeur, soit même à la pioche, suivant la consistance et la nature des terrains.

Le vignoble a été établi sur les bases des grandes exploitations de l'Aude et de l'Hérault, en employant de préférence les cépages ayant fait leurs preuves en Algérie. La plantation a été faite en carré pour permettre de labourer dans tous les sens. Ce n'est qu'après une étude approfondie des nombreuses installations similaires que les chais ont été construits ; aussi, sans être absolument parfaits répondent-ils, soit comme aération, soit comme température aux exigences du climat : le vin qui y a été fait a toujours été excellent et absolument exempt des germes d'acidité qui ont donné, en général, une si mauvaise réputation aux vins des pays chauds.

La plantation primitive a été complètement transformée ; une magnifique avenue d'arbres de 800 mètres conduit de la route à la maison d'habitation, qui se trouve enfouie dans un nid de verdure, grâce aux nombreuses essences d'arbres qui l'entourent ; un jardin d'agrément et un jardin potager sont attenants à l'habitation, d'où l'on jouit de la vue d'un des plus beaux paysages de la Tunisie.

M. Moret, le jeune directeur, créateur de cet important domaine, s'est entouré de trois bons contremaîtres français, pour diriger et surveiller les ouvriers indigènes, marocains, kabyles, nègres, travaillant pour la plupart depuis longtemps à la propriété, et qui, bien que paresseux par nature, fournissent à bon compte une assez bonne main-d'œuvre quand ils sont bien dirigés.

Cour et Maison d'habitation.

Vue de l'entrée des Chais.

En général, ils sont doux et faciles à mener, si l'on est avec eux très juste et très ferme.

Le seul travail que l'on ne puisse confier aux Arabes est la taille, pour laquelle, chaque année, des ouvriers tailleurs de vigne viennent, du midi de la France, passer environ six semaines sur la propriété ; c'est une dépense largement compensée par les excellents résultats que l'on en retire?

Pour labourer les vignes et faire les transports des vins, MM. Moret ont une écurie de 14 à 16 mulets, moitié de race française pour le gros travail, moitié de race indigène pour le travail léger ; la propriété fournit facilement l'orge, l'avoine et la paille nécessaires à leur nourriture.

Le rendement moyen du vignoble, pendant les quatre dernières années, a été de 58 hectolitres à l'hectare ; la qualité supérieure du vin a toujours permis de le vendre à un prix relativement assez élevé : en gros, MM. Moret et Boussand ont obtenu les prix moyens de 17 à 20 francs pour la totalité de la cave ; mais depuis l'an dernier, le prix moyen s'est relevé bien au-dessus, par suite de la création d'un dépôt de vente à Ferryville (arsenal de Bizerte).

Ce n'est incontestablement pas la fortune espérée au moment de la création du vignoble, alors que les vins se vendaient à des prix exagérés ; mais c'est pour le propriétaire-directeur la vie saine, large et facile, c'est pour son beau-frère et associé un placement sûr et rémunérateur, comportant moins d'aléa qu'un placement de même nature en France, où les maladies de la vigne sont plus intenses et plus désastreuses qu'en Tunisie.

MM. LOUIS CHAVENT, ÉMILE BIROT, DREVON ET D'ESPAIGNE

PROPRIÉTAIRES A L'OUED-RAMEL

Le domaine de l'Oued-Ramel, d'une contenance d'environ 12.000 hectares, situé entre Zaghouan et Hammamet, a été acquis en novembre 1891 de MM. Cesana, banquiers à Tunis, par un groupe de Lyonnais qui constituèrent dans ce but une Société civile, dite

Société lyonnaise de l'Oued-Ramel. Les membres en étaient :
MM. Louis Chavent, Drevon, Emile Birot, le Dr Birot, Badin,
Morand et le général Leclerc.

Le domaine est dans un site des plus sains. Son centre est à
52 kilomètres au S.-E. de Tunis par la nouvelle route qui le dessert.
Il s'étend sur le penchant de montagnes dont le point culminant
atteint 750 mètres, tandis que la partie sud n'est qu'à 50 mètres
au-dessus du niveau de la mer.

Il est limité au sud par l'oued Bagra, qui le sépare de l'Enfida.
Divers oueds, affluents de l'oued Bagra, le traversent du nord au
sud ; bien que généralement à sec en apparence, ils ne cessent
jamais d'avoir un courant d'eau au-dessous du sable garnissant leur
lit.

Les montagnes fournissent d'importantes sources formant ruis-
seaux. Au N.-O. aïn Cherchera, au N.-E. aïn Safsaf. Il existe de
nombreux puits dont l'eau est généralement d'excellente qualité.

Sauf la partie de l'extrémité nord, réellement montagneuse et com-
posée de grès tertiaires, le domaine comprend des terrains de formation quartenaire de toute profondeur, entièrement cultivables.

Les innombrables ruines qui parsèment le domaine prouvent
qu'à l'époque romaine la population y était des plus denses, qu'il y
existait des villages et même des villes. A signaler, outre de multiples restes d'aqueducs, les ruines d'un temple romain de grand style,
à Ksar Soudan, et dont la crypte est très bien conservée, et les ruines
d'une basilique chrétienne de l'époque byzantine, entièrement
pavée de mosaïque, à Bendou. Certains fragments en ont été offerts
au Musée du Bardo.

Lors de l'entrée en jouissance de la Société lyonnaise, ce domaine
n'était qu'un fourré de brousse très élevée, composé de thuyas et
de lentisques, et périodiquement ravagé par l'incendie, mis volon-
tairement par les Arabes dans le but de renouveler les pâturages.
Les Arabes qui y vivaient dans des gourbis, cultivaient à peine
quelques dizaines d'hectares, ils y entretenaient quelques bœufs
dans les clairières et de nombreuses chèvres dans la brousse. Un
petit bordj arabe, à Bir Sloughia, simple rez-de-chaussée comprenant trois pièces, était la seule construction existante.

La première pensée de la Société fut de faire une œuvre française.
Dans ce but, elle s'entendit avec un éminent prêtre lyonnais, M. l'abbé
Boisard et lui concéda gratuitement 450 hectares d'excellentes

terres, au centre du domaine, à la charge d'y créer un orphelinat
agricole devant contenir, à l'état permanent, au moins vingt enfants
français. Pour mieux assurer cette création, la Société y ajouta des
avantages financiers importants et s'engagea à concéder gratuitement 20 lots de 10 hectares chacun à vingt jeunes ménages dont le
mari aurait été élevé à l'orphelinat.

Aujourd'hui cet orphelinat, qui fait l'objet de la notice ci-après,
avec son église, son bureau de poste et de télégraphe, est un véritable
centre. Sous l'habile direction supérieure de M. l'abbé Boisard,
sous la direction locale d'un véritable agronome, M. l'abbé
Reyboubet, et de ses dévoués collaborateurs, MM. les abbés
Bacheret et Mailley-Guy, un beau vignoble a été créé, un magnifique domaine constitué. De nombreux jeunes gens, lyonnais pour
la plupart, y reçoivent une éducation morale hors pair, une instruction solide, et sont destinés à devenir d'excellents colons ou des
chefs de culture expérimentés.

La Société lyonnaise, de son côté, fit des efforts de colonisation
notables. Elle a organisé quatre fermes principales : Beni Draj,
Farcine, Vieux-Bordj ou Bir Sloughia, et Ksar-Soudan. Les gérants
furent installés à Bendou, près de l'orphelinat, et des constructions
importantes y furent pareillement édifiées. Des métayers français
furent placés dans chaque ferme, et se livrèrent soit à la culture des
céréales, soit à l'élevage du bétail.

En 1896, l'œuvre essentielle était terminée, la propriété immatriculée ou du moins sur le point de l'être ; les ayants droit estimèrent utile de laisser à l'initiative de chacun d'eux les développements à donner aux diverses créations, et se partagèrent le domaine
de l'Oued-Ramel.

Au nord, le domaine de Ksar-Soudan (environ 3000 hectares)
appartient à M. Louis Chavent, fabricant de soieries à Lyon, membre de la Chambre de commerce.

Au centre et au sud-est, les domaines de Bendou et du Vieux-
Bordj (environ 3600 hectares) sont la propriété de M. Emile Birot,
ancien notaire à Lyon.

Les trois domaines sont administrés en commun, sous la direction de gérants et contremaîtres français ; il s'y fait de grandes
cultures de céréales, et surtout de fourrages destinés à l'alimentation
du bétail. C'est en effet l'élevage en grand du bétail, bœufs, moutons et chèvres, qui constitue le but principal de l'exploitation. La

main-d'œuvre indigène est utilisée pour les travaux de culture et le gardiennage du bétail.

Au sud-ouest, le domaine de Beni Draj (3ooo hectares environ) appartient à M. Drevon, fabricant de lacets à Saint-Chamond. Il s'y est fait des travaux de défrichement, des constructions considérables, plusieurs fermes ont été créées : c'est également la culture des céréales et l'élevage qui y sont poursuivis.

Au nord-est, le domaine de Farcine (environ 1500 hectares) appartient à M. d'Espaigne, de Tunis, qui a augmenté les bâtiments de ferme et construit, dans un site pittoresque, une importante maison d'habitation avec jardin.

Enfin, l'orphelinat a acquis le domaine d'El-Biar qu'il a annexé à son exploitation antérieure.

ORPHELINAT DE SAINTE-MARIE-DU-ZIT

M. L'ABBÉ BOISARD

L'orphelinat de Sainte-Marie-du-Zit, situé à 18 kilomètres nord-est de Zaghouan, sur la route-piste reliant cette ville à Hammamet, a été fondé en 1892 par M. l'abbé Boisard, un Lyonnais, fondateur et directeur d'ateliers d'apprentissage déjà florissants à Lyon-Guillotière.

Le but désiré et poursuivi par le fondateur et ses prêtres coopérateurs est double : donner aux enfants français admis dans la maison une éducation morale solide et chrétienne, et une éducation professionnelle agricole suffisante pour en faire de bons colons.

Deux prêtres, chargés de la direction spirituelle et temporelle, et une douzaine d'enfants de treize à quinze ans, tel fut le premier noyau.

Les premiers commencements furent un peu pénibles, on l'avait bien prévu. Sur les 450 hectares que mesurait la propriété, les clairières immédiatement cultivables étaient rares, environ 10 hectares ; la majeure partie était inculte, couverte par la broussaille. Il fallut défricher et dégager aux alentours pour bâtir la maison ; le climat tout nouveau fut mauvais pour les santés un peu délicates ; pas de puits, pas d'eau, peu d'expérience encore ; on était loin de tout centre, et Zaghouan paraissait bien éloigné, au bout de ses 18 kilomètres de piste.

Un unique et grand bâtiment, sans prétention architecturale, construit avec la pierre tirée sur place, des ruines de l'ancienne chrétienté de Vindha, probablement, servit à tous, pendant plusieurs mois, de réfectoire, de dortoir, de cuisine, de salle de récréation, etc.

L'oued Zit, qui traverse Sainte-Marie, ne coule qu'après les gros orages. L'eau manquant, il fallait creuser des puits. L'opération, simple en apparence, fut longue, pénible et coûteuse. Après plusieurs sondages infructueux et plusieurs éboulements, on posséda près de l'oued deux grands puits, donnant une eau excellente et abondante. L'eau était bonne, mais il fallait la puiser loin de la maison, au pied de la colline ; il aurait fallu pour l'alimentation un attelage uniquement occupé à puiser et à monter l'eau. Voilà pourquoi, presque aussitôt, un moteur à vapeur, abrité sous une légère bâtisse, fut installé près du puits principal. Une forte canalisation en fonte et en ciment partit du puits et aboutit aux deux grands bassins de la maison et à l'abreuvoir des futures écuries. En quelques minutes, tout était plein ; un des jeunes enfants, improvisé chauffeur, envoyait en une heure, à 450 mètres de distance, plus de 10 mètres cubes élevés à 33 mètres.

Bientôt, à intervalles irréguliers et au fur et à mesure des modestes ressources, sont venus se grouper à côté de la maison d'habitation de grandes écuries, une étable, un hangar, une maisonnette et la chapelle. Plus loin, un vaste parc pour les bestiaux : bœufs, vaches, chèvres, moutons, et tout à côté la laiterie et la miellerie. Près du moteur on construisit la cave, bien éclairée, bien aérée, avec une double rangée de 10 cuves en ciment (contenant 1200 hectolitres), qui laisse dans le milieu une allée large où s'élève le pressoir et où sont rangés tonneaux, filtres, pompes, appareils réfrigérants et tout le surplus du matériel.

Au bas de la colline, près de l'oued, on commença une orangerie et un jardin potager avec plantations d'arbres fruitiers de toutes espèces ; le tout mesure 3 hectares et est aujourd'hui totalement irrigable. Les légumes, en toute saison, ont suffi largement aux besoins de la maison. Les abeilles, dont le rucher est là tout près, plus de 40 ruches à cadres mobiles, viennent quelquefois gêner les jeunes jardiniers. Ces ouvrières donnent chaque année plus de 500 kilogrammes de miel, très apprécié à Lyon. Au jardin, l'eau était nécessaire et l'eau manquait. On organisa alors, à grands frais, tout un vaste et ingénieux système d'irrigation dont une conduite monta jusqu'au parc. Ce travail a valu à son organisateur une médaille d'argent, en 1895, au concours général agricole de Tunisie.

En 1897, un nouveau lot de 600 hectares — Saint-Louis — est venu s'ajouter au premier de 450. Cette acquisition de vastes clairières, au terrain neuf et fertile, a permis de faire, en plus grand, la culture des céréales. Actuellement 100 hectares leur sont consacrés, ainsi qu'à diverses cultures fourragères. Depuis plusieurs années, on pratique l'ensilage du maïs, du sorgho, de la betterave et de la moutarde, et les résultats obtenus sont bons. La moutarde réussit particulièrement bien ; cette année, en terrain convenable, elle a atteint deux mètres de hauteur. Les troupeaux ont pu être doublés. Saint-Louis possède deux parcs où rentrent chaque soir, sous la conduite de gardiens arabes, les vaches, chèvres et moutons, qui ont pu trouver facilement leur vie sur un vaste parcours.

Le jardin potager, l'élevage et les céréales ont toujours intéressé les ouvriers de Sainte-Marie, mais il est une culture qui, dès les premiers jours, a eu leur préférence : la culture de la vigne. Sans attendre, avec des charrues neuves, on suivait comme pas à pas les défricheurs sur les flancs d'un grand coteau qui s'étend en pente douce, en face de la maison. La première année, 10 hectares étaient plantés ; aujourd'hui 25 sont en plein rapport ; bientôt il y en aura 50. La vigne demande, pour sa vie plus intense et sa préservation, des soins presque continuels et coûteux. Tout lui est donné largement ; en retour, elle nous a donné jusqu'ici des résultats encourageants.

L'œuvre, humblement engagée, continue doucement son chemin. Au début : 2 prêtres ; aujourd'hui : 3 ; une douzaine d'enfants, aujourd'hui 36.

Tous les enfants sont français, *la plupart lyonnais ou de la région lyonnaise*, plusieurs viennent d'ailleurs aussi. Les plus jeunes ont treize ans, et les aînés, dix-neuf, vingt et vingt et un ans.

Jusqu'ici, la théorie et la pratique se sont partagé très inégalement leur temps. Cette dernière a, et aura toujours la meilleure place. Avant toute dissertation ou étude, les enfants labourent, piochent, sèment, taillent, fauchent, conduisent les attelages, les faucheuses mécaniques, etc., etc., et sont, à tour de rôle, autant que possible, garçons d'écurie, chargés du parc, boulangers, chauffeurs, etc.

Cependant, il est bien dans nos projets de donner un peu plus de temps à la théorie, lorsque nos ressources en hommes surtout et en argent nous le permettront.

Ainsi, à côté des cours actuels d'agriculture élémentaire et de français, nous aurons peut-être, un jour, quelques cours plus spéciaux de physique et de chimie agricole, où seront données les connaissances nécessaires à l'agriculture moderne, qui doit laisser la vieille et ruineuse routine et devenir rationnelle pour être rémunératrice.

La formation professionnelle, but important et premier de l'œuvre, n'est pas l'unique ; comme il a été déjà dit, la machine agricole intelligente mérite les soins du professeur ; l'homme, personne morale, a besoin de l'éducation. Le jeune homme trouve ici l'éducateur et le professeur.

L'Orphelinat, s'étant chargé de quelques enfants du peuple, ne voudrait pas rendre à la société des individus seulement bourrés de connaissances scientifiques et agricoles ; il aurait l'ambition de lui rendre des *hommes* d'abord, sachant ce qu'est la vertu, l'honneur, la justice, la loyauté, le travail, la charité chrétienne, et pratiquant ce savoir ; des *colons* munis d'un bagage scientifique suffisant pour réussir et devenir des auxiliaires précieux pour l'avenir de notre colonie, et aussi, bien sûr, des *Français* sachant, en terre tunisienne, respecter et faire respecter, surtout par l'exemple d'une vie honnête, chrétienne et laborieuse, leur beau titre de Français.

Tout ce qui précède a rapport à la vie intime de l'Orphelinat. Disons quelques mots de la vie extérieure. Sainte-Marie a aussi une « vie de relation », assez active même.

Nous ne sommes plus dans le désert de la première année. Six grandes fermes, dont les propriétaires et les gérants sont tous français et lyonnais, sont, pour la maison, à quelques kilomètres, une compagnie amie, obligeante et agréable.

Possédant une chapelle, Sainte-Marie est devenu tout naturellement un centre religieux. Chaque dimanche, les offices provoquent des réunions assez nombreuses. Pendant quatre ans, les directeurs de Sainte-Marie ont été curés de Zaghouan et aumôniers du camp. C'est depuis quelques mois seulement qu'ils ont été déchargés de ce double soin.

Le « Bureau des postes et télégraphes » a ajouté à son importance. Pendant les premiers mois, un commis-cavalier venait, tous les deux jours, seulement de Zaghouan, apporter le courrier. Aujourd'hui, courrier tous les jours, téléphone avec Zaghouan, bientôt avec Tunis, et aussi bientôt, probablement, avec la France. Comme heureux complément est venu s'ajouter, depuis plusieurs mois, le « Bureau de tabac », fréquemment visité par colons et Arabes.

On trouve encore à la maison : l'épicerie, la boulangerie qui fait sa pâte au pétrin mécanique, et le moulin à vapeur, en installation, qui aura une clientèle de plus en plus nombreuse pour les farines et les semoules.

Ce sont là, groupés, de petits avantages peu appréciés en ville, où toutes les commodités sont réunies, mais qu'on trouve précieux lorsqu'on est loin de tout centre.

Voilà, en quelques traits rapides, le passé et le présent de Sainte-Marie.

Quel sera son avenir ? Nous voudrions éviter les prophéties problématiques et dangereuses. Rien n'assombrit trop notre horizon, rien ne nous empêche d'espérer légitimement des jours prospères pour Sainte-Marie. Les moyens de communication, gages et facteurs puissants de la prospérité d'une région, si difficiles les premiers temps et si coûteux (le millier de tuiles, qui vaut 100 francs à Tunis, nous a coûté 110 francs de transport de Tunis à l'Oued-Ramel, et nous avons payé 400 francs de transport pour la pompe et le manège), se sont, depuis trois ans, bien améliorés. La vieille route-piste de Zaghouan est refaite belle et large en ses plus mauvais passages, sur plusieurs kilomètres, et dans deux mois la route du Col, large aussi, à pentes douces, et très pittoresque, nous conduira en voiture à Tunis en moins de cinq heures. Il pourrait se faire que, plus tard, quelque tramway la trouve engageante. Si un jour aussi, comme on en a parlé tout bas il y a quelque temps, Zaghouan était relié à Sousse par voie ferrée, Sainte-Marie pourrait avoir aussi son chef de gare.

Nous sommes reconnaissants à l'Administration de tout ce qui a

FERRYVILLE (Tunisie)

Vue prise de la cour de la Poste.

Vue prise du Lac.

été fait jusqu'ici et des espérances données. Ce sont là de précieux
encouragements pour nous, et qui nous aideront à continuer avec
courage et confiance notre œuvre sociale, chrétienne et éminem-
ment française.

SOCIÉTÉ IMMOBILIÈRE NORD-AFRICAINE

Au capital d'un million de francs. Siège social à Tarare (Rhône).

Première période. — Cette Société a été créée au mois de
mai 1899, par M. Alfred Pepin, négociant à Tarare (Rhône), avec
le concours de quelques capitalistes de la région lyonnaise. Le capital initial était de 500.000 francs, divisé en 1000 actions de
500 francs.

Ces actions, qui sont libérées de 250 francs, ont été placées sans
le concours d'aucun établissement financier et sont bien classées.

Le but de la Société était la création d'immeubles en Algérie et
en Tunisie, et particulièrement près du nouvel arsenal de Sidi-
Abdallah, dans le golfe de Bizerte, où se crée une ville à laquelle
l'Administration tunisienne a donné le nom de Ferryville.

La construction du nouvel arsenal amène chaque jour de nombreux ouvriers qui ne trouvent pas à se loger, et le développement de Ferryville suit celui de l'arsenal, dont les travaux sont
poussés activement. L'existence d'un arsenal implique l'existence
d'une ville pour loger les nombreux ouvriers, employés et fonctionnaires civils ou militaires, qui sont attachés à ce genre d'établissement.

On loue très facilement, sur la base d'un revenu de 10 pour 100,
des immeubles confortables, pour lesquels on a en outre la certitude d'une grande plus-value, au fur et à mesure du développement
de la ville qui est des plus rapides. Ces immeubles que l'on construit
n'ont, en général, qu'un rez-de-chaussée et un étage, et tous les
locataires ont un petit jardin, ce qui permettra de profiter de la
plus-value des terrains dans une bien plus grande proportion que

s'il s'agissait de maisons à étages occupant peu de surface pour un capital important.

Les murs sont construits en maçonnerie avec chaux hydraulique; leur épaisseur est de 50 centimètres, et on pourra facilement élever des étages quand cela sera nécessaire.

La plus grande partie des logements sont de trois à quatre pièces et se louent de 25 à 40 francs par mois, et, suivant l'habitude du pays, les locataires paient chaque mois et d'avance, ce qui exclut toute perte.

La Société immobilière Nord-Africaine a déjà construit six immeubles, représentant une dépense de près de 250.000 francs. Tous sont en style tunisien, avec terrasses.

Deuxième période. — Au mois d'août 1899, le propriétaire de tous les terrains de Ferryville, M. Joseph Decoret, vint à mourir prématurément. Ses héritiers, ne pouvant continuer l'œuvre qu'il venait de commencer, vendirent les terrains de Ferryville et annexes, à la Société immobilière Nord-Africaine.

A cette occasion, le capital de la Société fut porté à 1 million, par l'émission de 1000 actions nouvelles.

Le but primitif de la Société immobilière a dû se modifier à la suite de cette importante acquisition. La Société, tout en conservant ses anciens immeubles, s'occupera surtout de la vente de ses terrains et des divers travaux nécessités par la création d'une ville, tels que viabilité des rues, plantations d'arbres, construction du marché, de l'église, des égouts, étude d'une concession d'eaux, etc. Elle aidera, par ses relations, à la création d'autres sociétés désireuses de construire des immeubles à Ferryville. Actuellement, trois sociétés sont en formation, représentant ensemble un capital d'un million de francs, à employer en constructions à Ferryville.

Un hôtel des postes et télégraphes, ainsi que les écoles et un commissariat de police sont déjà construits; tous ces bâtiments sont en style tunisien et ont beaucoup de cachet.

Ferryville sera une jolie ville, car la Société immobilière, seule propriétaire des terrains qui n'appartiennent pas à l'État tunisien ou à la Marine française, interdit dans ses contrats de vente de construire des baraquements pouvant servir de logements. Tous les immeubles construits sont donc de véritables maisons.

L'eau potable est actuellement fournie gracieusement par l'Admi-

FERRYVILLE (Tunisie)

Les Ecoles.

Bureau des Postes et Télégraphes.

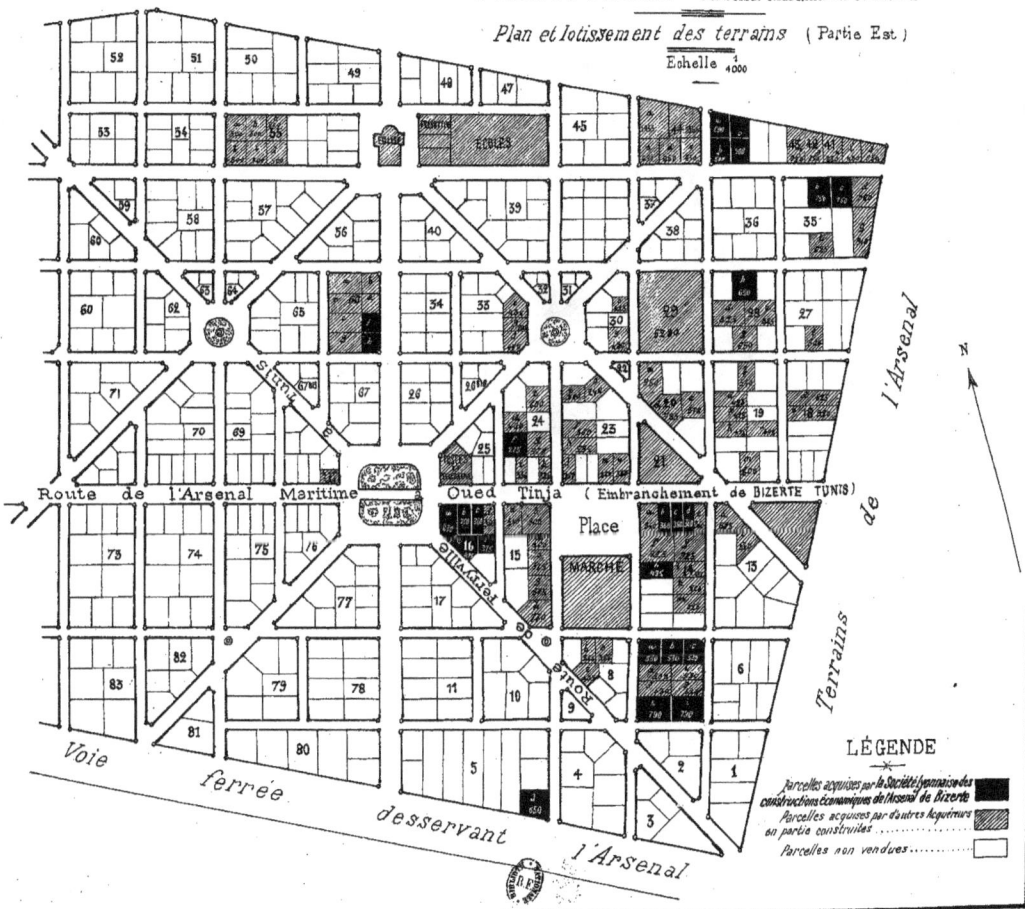

FERRYVILLE Arsenal Maritime de BIZERTE

Plan et lotissement des terrains (Partie Est)

Echelle $\frac{1}{4000}$

LÉGENDE

Parcelles acquises par la Société lyonnaise des constructions économiques de l'Arsenal de Bizerte

Parcelles acquises par d'autres acquéreurs en partie construites

Parcelles non vendues

Route de l'Arsenal Maritime

Oued Tinja (Embranchement de BIZERTE TUNIS)

Place

MARCHÉ

ÉGLISE

ÉCOLES

Terrains de l'Arsenal

N

Voie ferrée desservant l'Arsenal

nistration de la marine, qui en a en abondance; mais cette mesure
n'étant que provisoire, l'État tunisien s'occupe de la captation de
sources à 4 kilomètres de la ville, et d'un débit suffisant pour une
agglomération d'environ 12.000 habitants. Actuellement, la population est de 1400 habitants; il y a dix-huit mois, il n'y avait pas
une maison. Dans six mois il y aura peut-être 2000 habitants, ou
même plus.

La Société immobilière Nord-Africaine est dirigée en Tunisie par
un Lyonnais, M. Emile Moret. Les bureaux de la Société sont
situés, 18, rue d'Angleterre, à Tunis.

SOCIÉTÉ LYONNAISE DE CONSTRUCTIONS ÉCONOMIQUES
DE L'ARSENAL DE BIZERTE

Au capital de 500.000 francs : Siège social, Lyon, rue St-Jérôme, 38.

Fondateur M. Lucien DEYME.

La Société lyonnaise des Constructions économiques de l'arsenal
de Bizerte, propriétaire à Ferryville, qui vient de s'organiser, a
pour but :

1° Retirer de la location des immeubles qu'elle possède une
rémunération permettant de distribuer à ses actionnaires un divi-
dende de 6 o/o sur le capital engagé;

2° Vendre dans quelques années ceux de ses terrains non
construits, avec une importante plus-value.

Les actions de cette Société, libérées de 125 francs, ont été
placées dans la région lyonnaise, sans le concours d'aucune banque,
et sont très bien classées.

M. EMILE LANÇON

Au Khangat-Lançon, près Grombalia.

Parti de Lyon pour la Tunisie en 1883, accompagné de sa
femme et de ses quatre enfants en bas âge, M. Emile Lançon,

après s'être occupé de la représentation commerciale, se tourna du côté de la colonisation proprement dite.

Ses voyages dans l'intérieur de la Tunisie lui avaient permis d'apprécier les terres, et le persuadèrent qu'elles renfermaient un élément précieux pour la culture de la vigne.

Aidé par les capitaux d'un groupe d'amis, il entreprit de les assister dans l'achat des terres, dans l'organisation de leurs propriétés et dans leurs plantations de vignes, culture qui lui paraissait préférable à toute autre.

Ses projets sourirent à quelques-uns, et c'est ainsi qu'il attirait en Tunisie, en 1884, M. Terras, avoué à Lyon, et achetait pour lui :

1° Le domaine de Zaarouni, situé près de la Manouba, d'une contenance de 300 hectares environ ;

2° Hamed-Zaïd, dans le Mornak, d'une contenance de 510 hectares ;

3° Sidi-Athman, dans le Mornak, domaine de 250 hectares.

En 1885, M. Lançon s'associait à M. Fournier, de Lyon, pour acheter le domaine de *Birkassa*, dans le domaine de Mornak, d'une contenance de 643 hectares et vendu depuis à M. Savignon. Il plantait 100 hectares de vignes, mettait en bon état un jardin fruitier de 4 hectares environ, et réparait une ancienne maison arabe dont il faisait une agréable habitation.

Vers la même époque, il achetait également pour M. Fournier le Zaouïra de Mornak, d'une contenance de 200 hectares environ, qui appartient aujourd'hui à M. Morellet, et il aidait M. d'Espaigne dans l'achat de son domaine de Hassen-Bey, voisin de Birkassa.

Pour son propre compte, M. Lançon achetait la propriété dite la Bâtie, limitrophe de Hassen-Bey, d'une contenance de 108 hectares. Il y plantait 30 hectares de vignes et y construisait une petite ferme. Elle a été revendue, quelques années plus tard, à Mᵐᵉ Vᵛᵉ Schmidt.

Continuant sa propagande de colonisation, il acquérait pour M. Gautier, de Lyon, le domaine de Satfini de 250 hectares environ, situé près de la Mohámédia. Il acheta pour lui le domaine de Boucherara, de 1100 hectares environ, englobant une grande partie du Haut-Mornak, et le revendit, en le morcelant, à MM. Guignard et Reclus, Crété, Charmetant, Moret et Boussand. Ces acquisitions formèrent ainsi un groupe lyonnais de belle colonisation.

Enfin, la dernière œuvre de M. Lançon, et la plus importante, a consisté dans l'achat du Khanghat et sa création.

Ce domaine, de 4000 hectares environ, forme une.vallée allongée, entourée de montagnes, ouverte aux deux extrémités ouest et est sur Tunis et Grombalia. A l'époque où M Lançon en devint acquéreur (1887), il était entièrement couvert de broussailles et aucun chemin ne le desservait ; situé à 35 kilomètres de Tunis et à 45 kilomètres de Nabeul, il était éloigné de toutes ressources. M. Lançon s'y installait en 1888, dans une ferme très modeste qu'il venait de faire construire.

Afin de donner de la valeur à cet immense domaine, qui demandait l'emploi de capitaux considérables, M. Lançon conçut le projet de le morceler et d'y attirer des propriétaires susceptibles de l'exploiter. Pour les y décider, il prit l'engagement de planter leurs vignes à forfait et de faire leur vin ; dans ce but, il constituait un syndicat et construisait une importante cave formant la première partie de celle qui devait être nécessaire plus tard à toute l'exploitation.

En 1893, il avait planté dans la vallée 421 hectares de vignes. A cette époque, d'un commun accord, le syndicat fut dissous et chaque propriétaire commença à exploiter directement sa propriété particulière.

M. Lançon avait créé au Khangat, de 1887 à 1893, un centre important comprenant seize propriétaires ; il avait construit une chapelle, une vaste cave, une belle maison, plusieurs fermes. Une bonne route traversait désormais la vallée en allant de Tunis à Grombalia et le chemin de fer devait desservir la propriété. Aujourd'hui une gare, celle de Kanguet, est située à 2 kilomètres du côté est dn Khangat.

Cette propriété fut immatriculée le 20 mai 1889 sous le nom de Khangat-Lançon.

Voici la liste des propriétaires, la plupart lyonnais, entre lesquels a été morcelé le Khangat, et le nombre d'hectares de vignes que M. Lançon a plantés pour chacun d'eux :

MM. GILLET (Joseph) .	Terre	630 hectares.	Vignes	30	hectares.
GILLET (Fr.) . .	—	980	—	—	35	—
Général LECLERC.	—	100	—	—	40	—
A Reporter .	Terre	1710 hectares.	Vignes	105	hectares.

Report . . Terre 1710 hectares. Vignes 105 hectares.

Riant	—	100	—	—	10	—
Dautresmes fils .	—	150	—	—	26	—
Dautresmes père .	—	50	—	—	10	—
Labonnardière. .	—	36	—	—	10	—
Bennett (N.) . .	—	88	—	—	25	—
Bennett (H. D.) .	—	108	—	—	20	—
Caquet	—	50	—	—	»	—
Dumont	—	223	—	—	»	—
Lallemand-Hennin	—	100	—	—	20	—
Dr Hue	—	319	—	—	40	—
Guesnon. . . .	—	500	—	—	120	—
Il reste à M. Lançon .	—	650	—	—	35	—

Terre 4084 hectares. Vignes 421 hectares.

Des fermes nouvelles se sont construites, des vignes ont été plantées, et la vallée forme un centre prospère de colonisation, l'un des plus beaux de la Tunisie.

Pour arriver à ce but, M. Lançon a dû déployer la plus grande énergie et beaucoup d'intelligence et d'activité. Il a travaillé ainsi pour la colonisation, plus peut-être que pour lui-même, car bien souvent les créateurs ne profitent pas de leurs œuvres.

M. LE Dr RENDU

Au Jujubier.

Le Dr J. Rendu (de Lyon) possède en Tunisie, à 30 kilomètres au N.-O. de Sfax, une propriété appelée *le Jujubier*, qui a une étendue de 1100 hectares[1].

Il l'a achetée de l'Etat tunisien en mars 1894.

Elle est actuellement toute défrichée[2] et plantée d'oliviers (24.788,

---

[1] Exactement 1100 hectares 24 ares.
[2] Sauf 12 à 14 hectares qui, pour des raisons particulières, ne l'ont pas été jusqu'ici.

non compris quelques anciens) et d'amandiers (12.000 environ).

Le D' Rendu a employé la population indigène pour mettre en valeur cette propriété, qui est actuellement en très bon état et présente l'avantage sérieux de posséder de l'eau douce.

Les oliviers plantés dès le début mesurent déjà 2^{m}5o de haut, et en juin 1899 sur 700 arbres inspectés, 156 promettaient de porter des fruits.

Les céréales donnent parfois de bons résultats, mais les années de pluie seulement ; ainsi en 1898 le blé a rapporté dix-huit fois la semence, et l'orge vingt-trois fois.

M. CLAUDE CHARMETANT

Aux Charmettes, à Mornak, près Tunis, et à Sfax.

M. Charmetant a acquis sa propriété des Charmettes en 1885. Elle était alors aux mains d'Arabes qui vivaient sous la tente et semaient un peu d'orge dans les parties laissées libres par la broussaille.

Ce domaine, de 216 hectares, est à 22 kilomètres de Tunis, sur les coteaux qui relient le djebel Bou-Kournine au djebel Rassas, au fond de la plaine de Mornak.

Le sol sablonneux et pierreux de ces coteaux convenait bien à la vigne. Aussi M. Charmetant en a planté 3o hectares dès la première année.

Les débuts ont été très difficiles. Sur les 3o hectares, il a dû en arracher 15 au bout de deux ans et replanter la moitié des 15 hectares conservés.

Pour avoir de l'eau, il a été obligé de creuser, en partie dans le rocher, un puits de 33 mètres de profondeur, qui, avec sa noria, a coûté 8000 francs.

M. Charmetant a été sur le point de se décourager et de tout abandonner. Mais il a persévéré et il s'en loue maintenant.

Aujourd'hui il possède une propriété très bien organisée et en parfait état qui lui a donné en 1890, 3000 hectolitres de vins de bonne qualité, vins rouges, vins blancs secs et vins blancs doux muscats. 57 hectares sont en vignes, en plants français non greffés; 15 sont en amandiers et le surplus est en céréales et en pâturages.

Il y a des bâtiments pour loger le gérant et les ouvriers et pour abriter les instruments agricoles, une forge, un four pour faire le pain, des écuries où sont 25 bœufs et bouvillons, 10 chevaux et mulets, des caves où on peut loger 4000 hectolitres.

Depuis onze ans, M. Charmetant a le même gérant, le plus ancien, croit-il, des gérants de Tunisie, dans la même place. C'est un Français, vigneron des environs de Lyon. Il s'est marié à une Française et a trois petites filles nées sur la propriété et toutes en bonne santé.

Il a sous ses ordres un contremaître français et une moyenne de 25 ouvriers indigènes, Arabes du pays ou nègres du Fezzan.

Pour la taille de la vigne, qui se fait en décembre et janvier, M. Charmetant emploie des ouvriers agricoles du midi de la France, qui vont passer l'hiver en Tunisie, pendant que le froid arrête chez eux les travaux de la campagne.

Il vend ses vins principalement à Tunis, à Lyon, à Paris et à Bordeaux.

M. Charmetant a également acquis en 1897, à 15 kilomètres de Sfax, sur la route de Gabès, trois propriétés presque contiguës:

1° L'une sur le bord de la mer, appelée « l'Hirondelle ou Haunnada », a 40 hectares. Il l'a fait planter en dattiers et en amandiers.

2° La deuxième, appelée « Saint-Claude », a 200 hectares. Il l'a fait planter en oliviers.

3° La troisième, appelée « Sainte-Thérèse » a 185 hectares. Il s'occupe de la complanter en oliviers.

Il a fait exécuter la plantation de la première propriété par un maître-valet indigène.

Il fait planter et cultiver les deux autres propriétés par des mégharsis (métayers indigènes à moitié fruit).

M. A. CHARPIN

Propriétaire au Bou-Zaber (mines de zinc et plomb).

M. A. Charpin a quitté Lyon en 1884 pour venir se fixer à Tunis, comptant faire l'achat des laines et des peaux.

Dès son arrivée, il reconnut bien vite par ses premières opérations qu'il n'y avait pour lui rien à gagner dans cette partie, étant donné surtout le capital presque nul qu'il possédait alors et les difficultés d'exportation existant à cette époque.

Il ne voulut pas s'en retourner après ce premier échec, un peu par amour-propre, et surtout persuadé qu'il se trouvait dans un pays d'avenir.

Il se mit à étudier la région dans toute sa partie commerciale pendant six mois, prenant des échantillons de chaque article, notant les quantités vendues et les prix payés.

Bien documenté, il repartait pour la France afin d'obtenir la représentation des maisons s'occupant spécialement de ces diverses marchandises, choisissant autant que possible les mieux placées pour chaque spécialité, de façon à pouvoir, à qualité égale, lutter comme prix avec les maisons étrangères vendant des produits similaires.

Il réussit à obtenir ce qu'il désirait, et revint à Tunis avec les représentations de trente maisons différentes.

Il commençait immédiatement, pour chacune et dans leur spécialité, à vendre pour leur compte et à la commission : les vins, liqueurs et spiritueux, les produits chimiques de toutes sortes, les denrées coloniales, les conserves, la soierie, les passementeries, fils et lames or et argent, les lainages et cotonnades ; peu d'articles lui étaient étrangers.

Les débuts furent assez durs, mais il a réussi pleinement, et il arrivait, en 1886, à faire le chiffre de 1 million 500.000 francs d'affaires, avec une non-valeur de 240 francs seulement, grâce à ce que la plus grande partie de ses ventes étaient faites au comptant et qu'il surveillait de très près ses crédits, ce qui était indispensable à cette époque et l'est encore aujourd'hui.

Il faisait en même temps, pour son compte personnel, les vins et liqueurs au détail; ce dernier commerce ayant augmenté dans une grande proportion, il le cédait en 1887 à un Français, avec presque toutes ses représentations; il ne conservait que trois maisons qui ne voulurent pas se séparer de lui. Son capital s'étant accru, il entreprit le commerce en gros des vins et spiritueux jusqu'en 1893, époque à laquelle il a cessé complètement les affaires commerciales, par suite de la découverte qu'il avait faite des mines de cuivre du Djebel-Zerissa et de celles de zinc et de plomb argentifère du Djebel-Bou-zaber.

Toutefois, en 1892, la production des vins tunisiens dépassant déjà de beaucoup la consommation, il avait commencé l'exportation, et son intention était de créer des dépôts dans les principaux centres industriels de France, et même en Suisse et en Belgique, où il aurait vendu, en dehors des vins, les huiles et autres produits tunisiens. Ayant rencontré des difficultés chez les viticulteurs, car beaucoup en ce moment avaient la prétention de vouloir vendre plus cher que les cours pratiqués en France, il dut renoncer à ce projet.

Son commerce liquidé, M. Charpin partait avec une équipe de mineurs au Djebel-Bou-Zaber, pour y commencer les travaux de recherches, conformément au permis qui lui avait été accordé.

C'est sur ce gisement qu'il a concentré tous ses efforts du 10 novembre 1892 au 1er avril 1897, date à laquelle il a signé avec le Gouvernement son contrat de concession; pendant cette période, il eut des joies et des déceptions, suivant la variation de ses découvertes, mais sans jamais se décourager, malgré des ennuis et des tracas de toutes sortes.

Pour arriver à la concession, il avait dépensé 350.000 francs, ce qui était presque la totalité de ce qu'il avait gagné dans le commerce, mais à ce moment tous les aléas que donnent les mines métalliques avaient disparu, par suite des amas de minerai que les travaux préparatoires avaient mis en vue.

Aujourd'hui M. Charpin exploite ce gisement avec un personnel d'environ 150 ouvriers, dont deux tiers d'Arabes fournissant un travail de manœuvres, et un autre tiers d'Européens, Français de préférence; depuis un an il fait des travaux de recherches pour le minerai de cuivre au Djebel Zerissa, qui donnera de très bons résultats.

La persistance qu'a mise M. Charpin lui a bien servi puisque, en cas de vente de ces gisements, il pense qu'il en obtien-

drait facilement 4 millions, tout en laissant de gros bénéfices pour
son successeur. Il dirige lui-même tous les services de son industrie, et il déclare qu'il n'a jamais eu qu'à se louer des rapports qu'il
a entretenus avec le gouvernement du protectorat, et en particulier
avec la direction générale des travaux publics, dont dépend le service des mines.

M. P. GLANDUT

Fabricant d'huile d'olive, à Sfax.

« Ancien élève de l'Ecole des arts et métiers d'Aix, et après
m'être occupé pendant plusieurs années de constructions mécaniques, je vins en Tunisie à l'âge de vingt-quatre ans, en 1887,
pour y exécuter divers puits artésiens que le gouvernement de la
Régence avait entrepris.

« Dès mon arrivée à Sfax, je me mis à étudier les ressources du
pays, et mon attention fut fixée aussitôt par l'abondance de la cueillette d'olives et en même temps par les moyens primitifs en usage
chez les indigènes pour travailler ces fruits, lesquels, joints au peu
de soins apportés à la fabrication défectueuse déjà, dénaturaient
complètement un produit aussi fin.

« Disposant de quelques ressources et puissamment aidé par ma
famille, j'établis, en 1888, une fabrique d'huile d'olive agencée avec
tout le matériel nécessaire, dont le choix et l'installation me furent
faciles à établir, eu égard à mes connaissances mécaniques.

« Les débuts ne furent point aisés, car les indigènes, seuls propriétaires d'oliviers, avaient pour habitude de faire travailler leurs
olives à façon dans les Massuahs (usines indigènes), et cédaient
leurs huiles à des négociants juifs ou maltais, lesquels dirigeaient
ensuite ces marchandises sur le marché de Marseille, où elles étaient
vendues à bas prix sous la dénomination d'*huile lampante*.

« De ce fait, j'éprouvais une grande difficulté à acheter des fruits,
et il fallut présenter des prix très surélevés pour ouvrir les yeux aux
arabes et les détourner partiellement de leurs vieilles coutumes.

« Je me heurtais aussi à l'incurie de gens peu soigneux de la cueillette, et je dus faire encore de nouveaux sacrifices, en payant cher les fruits livrés immédiatement cueillis et bien intacts.

« Peu à peu, des relations s'établirent avec les principaux propriétaires, qui m'approvisionnèrent selon mes instructions ; je pus enfin présenter sur les marchés de Nice et Marseille, Salon et Aix, de beaux produits dont le placement fut facile et rémunérateur.

« En 1881, je voulus m'organiser pour aborder la consommation directe, et, entre deux fabrications, je revins à Lyon et ouvris un entrepôt.

« Cette seconde entreprise, qui paraissait le complément tout indiqué de la première, pour des raisons bien inattendues, ne donna pas de résultat.

« En effet, dans les diverses tournées où je provoquais une clientèle, à l'énoncé de l'objet de ma visite « huile d'olive de Tunisie », je recevais invariablement un refus à mes offres et mauvais vouloir à examiner mes échantillons.

« Je n'eus que plus tard l'explication de cette prévention si fortement arrêtée, en découvrant, avec quel soin extraordinaire, certains négociants du Midi représentaient à leurs clients les huiles de Tunisie comme étant impropres à la consommation et doublées du défaut de ne pouvoir se conserver, tout en déposant de grandes quantités de margarine.

« Naturellement, ils ne parlaient pas de leurs achats importants d'huile de notre provenance, revendues ensuite sous le nom : d'huile de Nice, de la Rivière de Gênes, etc., etc.

« Bref, après trois années d'insuccès et comprenant que je ne pourrais aisément surmonter une idée aussi enracinée et si bien entretenue, je supprimais les entrepôts de Lyon et de Sfax, par correspondance et échantillons ; je tente les affaires de demi-gros et vois petit à petit mon cercle d'opérations s'élargir, ce qui démontre que les consommateurs ou négociants se rendent à l'évidence et n'écoutent plus avec tant de facilité les revendeurs de deuxième main.

« Je dois ajouter, cependant, que les huiles d'olive de Tunisie ont le grave défaut de déposer de la margarine, sous forme de matière floconneuse, et cette particularité peut paralyser la vente au détail.

« J'ai dû chercher et j'ai trouvé à débarrasser les huiles de ma fabrication de l'excès de margarine, et je suis encore en ce moment le seul fabricant de Tunisie exploitant ce procédé, dont je garde le secret.

« Mon usine, bien aménagée, actionnée par la vapeur, me permet de travailler 2500 à 3500 kilogrammes d'huile d'olive par jour, selon rendement, et mes magasins, assez vastes, peuvent retenir 300.000 kilogrammes d'huile, me permettant de répondre à toutes les affaires qui me sont présentées.

« Promoteur de la fabrication des huiles pures en Tunisie, le succès m'a amené fatalement des concurrents, très nombreux aujourd'hui ; le prix des olives a doublé, et les indigènes ont vu brusquement leurs revenus s'élever, et les voilà qui créent de nouvelles plantations ; l'entraînement gagne les Européens, et de grosses sociétés françaises achètent des terrains et créent eux aussi des oliveraies.

« Le chemin de fer Sfax-Gafsa, actuellement en construction, a reçu autour de son tracé 30.000 hectares de terrains, sous l'obligation de les planter en oliviers.

« Sur ces données et tenant compte du terrain spécial de Sfax, où l'olivier donne des huiles bien supérieures à tous les autres points de la Régence, il n'est pas douteux que dans une quinzaine d'années, l'exportation de notre ville atteindra 30 millions de kilogrammes d'huile d'olive, à un prix si bas, qu'elle se trouvera sur toutes les tables, ayant chassé par son bon marché toutes les huiles de graines employées à ce jour dans l'alimentation. »

MM. GAUDIOZ FRÈRES

Quincailliers à Sousse.

MM. Gaudioz sont trois frères, Jean, Louis et Stéphane, associés et intimement unis.

« Fils de tisseur, nous avons d'abord appris le métier de nos parents, après quoi chacun de nous a cherché une voie ; notre sieur Stéphane, qui a été pendant longtemps un assidu des cours de l'enseignement professionnel de Lyon, est entré le premier chez notre oncle M. A. Paget, constructeur mécanicien à Tunis, s'occupant tout spécialement du matériel, presses, pompes, etc., employé dans les huileries. C'est lui qui, un des premiers après l'occupation, est venu en Tunisie, où il a monté la plupart des fabriques d'huile, donnant par des installations nouvelles et parfaitement comprises, un nouvel essor à la Tunisie, en permettant aux colons et aux industriels de tirer parti d'une des plus grandes richesses de ce pays, qui jusqu'à ce jour était restée perdue, en raison des procédés très primitifs employés par les Arabes.

« Pour compléter cette industrie, et en même temps faciliter les usines nouvellement organisées, M. Paget et notre sieur Stéphane, montèrent un magasin de quincaillerie ; c'est à ce moment que Jean et Louis rejoignirent leur jeune frère et donnèrent eux-mêmes de l'extension à l'affaire en y adjoignant l'ameublement, la miroiterie et la décoration.

Actuellement notre personnel se décompose comme suit :

Atelier de mécanique et de serrurerie .	12 personnes
Ebénisterie et menuiserie	6 —
Ameublement, tapisserie.	4 —
Quincaillerie, ferronnerie	9 —

soit environ 3o personnes que nous recrutons le plus possible parmi les Français. La moyenne habituelle est : moitié Français, un quart indigènes : Arabes et Israélites, un quart Italiens.

« Si nous pouvions n'avoir que des Français, nous le ferions avec plaisir, malheureusement jusqu'à présent cela n'a pas été possible.

« Notre caractère lyonnais, que nous avons bien conservé, nous a valu beaucoup de sympathies ; sans fatuité, nous croyons jouir de l'estime de nos compatriotes, ainsi que de celle des indigènes et de la colonie étrangère. Notre sieur Jean est depuis huit années membre du Conseil municipal, vice-président délégué de la municipalité, membre de la conférence consultative, membre de la Chambre de commerce du Centre, agent consulaire de Belgique, officier de l'ordre du Nicham Iftikar. Notre sieur Louis est également officier du même ordre.

« Notre sieur Stéphane réside alternativement à Lyon et à Sousse, ce qui lui permet de travailler à la réalisation d'un rêve caressé depuis longtemps : son but est d'arriver à engager le commerce lyonnais à se passer de l'intermédiaire des négociants et courtiers de province, qui grèvent les huiles de nos pays de

frais de commission et de courtage, au détriment du consommateur, jetant même dessus un discrédit par les coupages qu'ils leur
font subir.

« Il y a là un but intéressant à atteindre, qui rendrait service
au commerce lyonnais, aussi bien qu'au pays producteur. »

M. J. AMBLARD

Constructeur à Sousse (Tunisie).

M. Amblard dirige à Sousse, depuis 1887, un important atelier
de constructions métalliques de serrurerie, de taillanderie et de
fabrication d'instruments agricoles. Il occupe environ de trente à
trente-cinq ouvriers par jour. Sur ce nombre, il n'a que neuf
Français, les autres sont des Italiens ou des Maltais avec un
petit nombre d'Arabes ; il établit les charpentes en fer qui serviront à la défense mobile des torpilleurs de Sfax, où il a une succursale, ainsi qu'à Madhia.

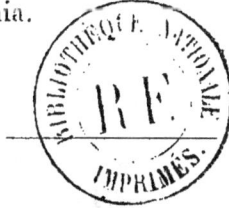

COTE DES SOMALIS

COMPTOIRS LYONNAIS D'ABYSSINIE

A Djibouti.

Au mois de juin 1899, une société en nom collectif, sous cette raison sociale, a été formée à Lyon, pour une durée de dix années, entre MM. Damé, Ghaleb et Moyne.

MM. Damé et Moyne sont de Lyon.

M. Alexandre Ghaleb est catholique syrien, protégé français et ancien directeur du Comptoir de Sfax de la maison Challiol et Charmetant de Lyon.

Ces messieurs se proposaient de fonder à Djibouti et en Abyssinie des comptoirs de commerce. Au mois de juillet ils ont établi un premier comptoir à Djibouti.

Ils font de la représentation et de la commission, tant pour l'importation que pour l'exportation.

Ils se proposent particulièrement de faire pénétrer dans ces pays nouveaux les produits français. Ils ont la représentation et la consignation d'un certain nombre de grands industriels français, et surtout d'industriels de la région lyonnaise, notamment pour la quincaillerie, la coutellerie, la chapellerie, la cordonnerie, la verrerie, les bougies, les couvertures, les cotonnades, les soieries.

M. CLAUDE CHARMETANT

Propriétaire à Djibouti.

M. Charmetant, qui est fabricant de soieries à Lyon et père d'une famille de douze enfants, ayant eu à faire un voyage l'année dernière à Djibouti pour y inspecter l'établissement commercial dont il vient d'être question plus haut, et dont il est le correspondant lyonnais, profita de son séjour pour acquérir deux propriétés à Ambouli, à 4 kilomètres de Djibouti. Il les a fait immédiatement délimiter et enclore, et y a creusé vingt puits ; il a envoyé des instruments agricoles, des plants, des semences de toutes sortes, et s'occupe de les mettre en culture, au moyen de la main-d'œuvre indigène, sous la surveillance de Français. Pendant l'automne 1899, M. Charmetant a fait planter dans ses deux propriétés 3700 palmiers, qu'il a fait venir d'Arabie, et dont il compte tirer profit au double point de vue du rendement en fruits et de l'abri contre le soleil pour les autres cultures intercalaires. Cette entreprise est encore trop nouvelle pour donner des résultats bien précis.

MADAGASCAR

Dès le lendemain de la conquête définitive, d'importantes sociétés lyonnaises d'exploitation se sont formées à Madagascar ; nous citerons :

Le Syndicat lyonnais d'exploration à Madagascar, 39, rue Thomassin, Lyon.

La Compagnie lyonnaise de Madagascar, 26, rue de l'Arbre-Sec, Lyon.

La Société agricole et immobilière de Madagascar, 2, rue Puits-Gaillot, Lyon.

Le Comptoir lyonnais de Madagascar, 25, rue des Capucins, Lyon.

La Compagnie commerciale du Transvaal et de Madagascar, 4, rue du Garet, Lyon.

La Société pour l'importation des produits français à Madagascar, 65, rue de l'Hôtel-de-Ville, Lyon.

La Société des gisements aurifères d'Anasaha, 39, rue Thomassin, Lyon.

Il est regrettable que nous n'ayons pu obtenir des renseignements sur toutes ces entreprises, aussi devons-nous nous borner à reproduire les trois notices qui nous ont été adressées par :

1° La Compagnie lyonnaise de Madagascar.
2° Le Syndicat lyonnais d'exploration.
3° La Société des gisements aurifères d'Anasaha.

COMPAGNIE LYONNAISE DE MADAGASCAR

Capital : 2.000.000 francs, par actions de 1.000 francs, complètement versé.

Cette Société a été créée en 1892 par M. Charles Pagnoud qui ouvrit les deux premiers postes de Tamatave et de Tananarive. Grâce à la collaboration de M. Charles Hallot, directeur, la Société prospéra et se développa.

Lors de la guerre franco-malgache, les Français établis dans l'intérieur de l'île durent descendre sur les côtes et se placer sous la protection du corps expéditionnaire, mais quelques jours après la prise de Tananarive par nos troupes, M. Hallot y rentrait, le premier parmi les anciens colons de la capitale; il trouvait malheureusement les établissements de la Société complètement pillés et détruits. Tout était à reconstituer, et il dut se consacrer, avec le concours de la direction de Lyon, à cette réorganisation.

A ce moment se place une première transformation de la Société. De société privée jusqu'alors, elle se constituait en société en commandite par actions de 5.000 francs chacune au capital de 200.000 francs.

Par l'habile et active impulsion donnée aux affaires, de nouveaux postes devinrent nécessaires, et les comptoirs d'Antsirabe et d'Ambositra furent alors créés; un nouveau capital devenant nécessaire pour leur bon fonctionnement, la Société se transformait de nouveau en société anonyme, le 21 décembre 1897, au capital de 1.200.000 francs, divisé en 12.200 actions de 1.000 francs. Nous assistons alors au développement continuel de la Compagnie, qui crée de nouveaux postes à l'intérieur, et les comptoirs de Vatomandry et Mananzary sur la côte Est.

D'immenses territoires acquis par la Société sont mis en valeur, soit par la culture des pays tropicaux, soit par l'élevage. De nombreux terrains aurifères concédés par le Gouvernement, après recherches et prospections par les ingénieurs de la Compagnie, sont mis progressivement en exploitation. Ces diverses entreprises sont couronnées de succès, et le chiffre des affaires de la Société, toujours croissant, arrive à se doubler chaque année environ.

Le 6 mars 1899 une nouvelle émission de 300 titres de 1.000 francs porta le capital à 1.500.000 francs.

Enfin, sous la pression des transactions devenant toujours plus importantes, le Conseil a décidé de porter par une nouvelle émission, en janvier 1900, le capital de la Compagnie à 2.000.000 de francs.

Deux ingénieurs, deux chefs de culture, plus de trente employés européens et deux cents employés indigènes assurent le bon fonctionnement des mines, des exploitations agricoles et des transactions commerciales.

Le transport des marchandises du port à l'intérieur de l'île nécessite plus de cinq mille porteurs à la solde de la Compagnie.

Plus de mille ouvriers sont employés au lavage de l'or de ses terrains aurifères.

Voilà en quelques lignes les rapides étapes parcourues par cette Société, qui en outre de ses établissements a créé encore, à Tananarive, sous le nom de Grand Bazar parisien, une maison de vente au détail de tous les produits français. La réussite est complète, et cet établissement semble suivre l'exemple donné par la Société fondatrice qui le dirige.

Siège social à Lyon, agences à Madagascar :

Tananarive, Majunga, Diego-Suarez, Tamatave, Vatomandry, Mananzary, Ampangarinamaro, Ambositra, Sahatorendrika, Antsirabe, Betafo.

Conseil d'administration :

MM. Edouard Prénat, président, ancien député du Rhône. Lucien Souchon, L. Wolf, Melchior Gautier, Charles Pagnoud, administrateur délégué, Charles Hallot, administrateur délégué.

SYNDICAT LYONNAIS D'EXPLORATION A MADAGASCAR

Société anonyme au capital de 110.000 francs, Lyon, 39, rue Thomassin.

Cette Société a été constituée sous la forme de Société en participation, dès le début de la campagne de Madagascar, le 23 août 1895.

Un groupe de Lyonnais, parmi lesquels MM. Léon Boussand, Jules Fisch, Gignoux, Duclaux-Monteil, de Magneval, Bouvier, etc., désireux d'être des premiers à mettre en valeur la colonie dont nos troupes faisaient la conquête, organisa l'envoi d'une mission pour rechercher et étudier toutes entreprises à créer dans la grande île.

MM. Louis Meurs et Lucien Boussand, ingénieurs, connus pour leurs prospections en Algérie et en Tunisie, très désireux de vérifier sur les lieux mêmes, si les richesses en métaux précieux étaient réellement à Madagascar aussi considérables qu'on le croyait, demandèrent à être chargés de la mission, et, malgré les dangers de l'entreprise, s'embarquèrent dès le mois de septembre 1895.

Dès leur arrivée à Madagascar, MM. Meurs et Boussand partirent en tournée. Ils parcoururent tout le Betsiléo et une grande partie de la région des Tanales, ils allèrent même jusque chez la peuplade sauvage des Baras.

Au cours de ce voyage de prospection, qui dura près de cinq mois, ils reconnurent un assez grand nombre de gisements aurifères, mais presque tous d'une teneur minime. Un seul parut devoir mériter d'être mis en valeur, c'était celui d'Anasaha, dans le sud-ouest du Betsiléo, dont le Syndicat demanda la concession.

Après ce voyage pénible, opéré pendant la saison des pluies, l'insurrection immobilisa ces explorateurs à Tananarive. Cependant, au milieu de l'effervescence générale, l'extrême nord, en dehors de la zone d'influence de la cour d'Imérina, restait calme, et M. Meurs résolut d'en profiter pour explorer cette contrée presque complètement inconnue.

De mai à octobre, dans un voyage hardi, il effectua plus de 1400 kilomètres d'itinéraire, présentant le plus grand intérêt au point de vue des richesses agricoles, forestières et minières.

Peu de temps après le départ de M. Meurs, M. Boussand, grâce à la bienveillance du général Galliéni, put aussi effectuer, en compagnie de M. Grosclaude, un voyage de reconnaissance sur la côte ouest, dans le Ménabé, voyage d'ailleurs infructueux.

Enfin, de janvier à mai 1897, grâce encore à l'obligeance de M. le Gouverneur général, M. Boussand put étudier les gisements aurifères de l'est, depuis Tsinjoarivo, où se trouvent les fameuses mines exploitées autrefois par le premier ministre Rainilaiarivoni, jusqu'à Ambositra sur la limite du Betsiléo.

De ces différents voyages, exécutés dans des conditions extrêmement difficiles, MM. Meurs et Boussand relevèrent les itinéraires et dressèrent de véritables cartes. Ces cartes, remises à l'état-major, ont constitué de précieux documents.

Au point de vue des résultats pratiques pour la Société, ces voyages d'études furent loin d'être perdus.

Le Syndicat, en dehors de la concession d'Anasaha, qui fut la première obtenue, s'assura la propriété de la plus grande partie des gisements aurifères de Tsinjoarivo et de Sarobaratra, qui passent pour être les plus riches et surtout les plus copieux de l'île.

Ces gisements sont actuellement exploités de compte à demi avec la Société des gisements aurifères d'Anasaha. On extrait actuellement de 8 à 9 kilogrammes d'or par mois, soit au moyen de sluice, soit au moyen de la batée indigène lorsque l'exploitation au sluice est impossible.

Le syndicat exploite aussi le gisement de Békabija situé dans la province de Majunga, il emploie exclusivement la main-d'œuvre indigène sakalave, qu'il est très difficile de se procurer. Ce gisement donne environ 3 kilogrammes d'or par mois.

Il a, en outre, la priorité sur un grand nombre de gisements dans la baie d'Antongil.

Enfin, à la suite du voyage de M. Meurs dans le nord, il a obtenu une autorisation de reconnaissance forestière de plus de 170.000 hectares de forêts lui assurant la priorité pour l'exploitation de ce massif forestier où se trouvent une grande quantité d'arbres et de lianes à caoutchouc.

La Société organise, en ce moment, une mission pour étudier les moyens de mettre en valeur ces forêts, soit par la récolte du caoutchouc, soit même par l'exploitation des bois.

Le Syndicat de Madagascar peut donc avoir devant lui un long avenir, d'autant plus fructueux que ses représentants dans l'île ont une connaissance parfaite des mœurs et de la langue du pays et qu'ils sont appréciés par tous ceux qui les connaissent.

La Société a été transformée en Société anonyme, le 7 février 1897 et son capital est porté à 110.000 francs.

Ses administrateurs sont :

A Madagascar, M. Meurs ; à Lyon, MM. Léon Boussand, président ; Gignoux, Duclaux-Monteil, Bouvier et de Magneval.

SOCIÉTÉ DES GISEMENTS AURIFÈRES D'ANASAHA

Société anonyme au capital de 200.000 francs, Lyon, 39, rue Thomassin.

La Société a été fondée, le 16 septembre 1897, par le même groupe que le Syndicat lyonnais d'exploration à Madagascar, pour exploiter les gisements d'Anasaha dont la concession lui a été apportée par le Syndicat.

Cette concession, après une exploitation cependant fructueuse de quelques mois, paraissant à la veille d'être épuisée, la Société a conclu, avec le Syndicat lyonnais d'exploration à Madagascar, une convention lui donnant le droit d'exploiter de compte à demi les gisements nombreux que le Syndicat possède dans le Voromahery, près de Tsinjoarivo.

C'est sur ces gisements, relativement riches, et qui paraissent assez copieux pour assurer un rendement rémunérateur pendant de nombreuses années, que la Société a concentré ses efforts et qu'elle travaille depuis le 1er mars dernier.

Les gisements sont constitués par des alluvions anciennes de vallées qui paraissent s'étendre sur la plus grande partie du bassin supérieur de l'Onivé. Ils ont une richesse qui varie de 10 centigrammes à 5 grammes d'or par mètre cube de terre. Le métal s'y rencontre à l'état de poussière granuleuse assez grosse, on y trouve même quelques pépites allant jusqu'à 5 à 6 grammes. Son titre est excessivement élevé, c'est de l'or presque pur.

L'exploitation se fait par lavage, soit à la batée indigène, soit par sluices.

M. Lucien Boussand, ingénieur, administrateur délégué de la Société, qui dirige l'exploitation, a créé une organisation complète, comprenant une maison pour le directeur, des cases pour les ouvriers et des baraquements pour les approvisionnements.

Le lavage se fait par des indigènes du cercle de Tsinjoarivo et quelques autres des cercles environnants. M. Boussand est assisté d'un sous-directeur lyonnais, M. Panier, et de nombreux contre-maîtres indigènes.

Partout où il a été possible d'amener de l'eau en assez grande

quantité, on a remplacé la méthode ancienne et primitive du lavage
à la batée par le lavage aux sluices. Cette méthode, plus coûteuse à
installer mais plus rationnelle, permet, dans certains cas, de tirer
un bien meilleur parti du gisement. Les ouvriers sont payés à la
journée quand ils travaillent aux sluices, avec une prime de rendement. Quant à ceux qui travaillent à la batée, ils donnent une rede-
vance fixe par jour, mais variable suivant la richesse des alluvions;
ils sont propriétaires de l'or qu'ils font, mais ont l'obligation de le
vendre à la Société, ce qui évite les vols.

Les ouvriers sont engagés par la Société, soit pour un an, soit
pour une période pouvant aller jusqu'à cinq ans ; la Société leur
donne des congés au moment des semailles et des récoltes.

Au 31 octobre, la Société employait plus de 800 ouvriers, elle
pourrait, d'ailleurs, en employer un bien plus grand nombre.

Le rendement en or, depuis le 1er mars jusqu'au 1er décembre, a
été de 61.049 grammes, ce qui donne par mois une production
moyenne de 6561 grammes.

L'or nous est expédié par la poste à Lyon, où il est vendu aux
affineurs, suivant le cours.

Les administrateurs de la Société sont :

MM. Lucien Boussand, administrateur délégué à Madagascar;
Léon Boussand, administrateur délégué à Lyon ; C. Gignoux, président ; C. Bouvier, A. Duclaux-Monteil et G. de Magneval.

SÉNÉGAL

Vers 1868, M. Pastré, originaire de Lyon, a formé des comptoirs commerciaux à Gorée, à Carabane et à Sedhiou et dans la Guinée portugaise.

MM. Chambaz et Sambain se sont établis en Casamance, en 1876-1877; quelques années plus tard ils ont cédé leurs comptoirs à la maison Maurel frères. M. Chambaz est mort depuis, mais M. Sambain est aujourd'hui agent de la maison Maurel et H. Prom, à Saint-Louis, chevalier de la Légion d'honneur et conseiller privé du Gouverneur général.

M. Joannès Barbier est venu s'établir comme photographe à Gorée, en 1886; il fit plus tard, à Paris, au Champ-de-Mars, aux Expositions de Lyon et de Rouen des exhibitions ethnographiques qui eurent un grand succès. Il est actuellement à Dakar, pour y installer l'éclairage à l'acétylène.

M. Perrody, originaire de Lyon, est établi horloger à Dakar.

M. Schrimpf, lyonnais aussi, représente au Sénégal la compagnie marseillaise de navigation, Fraissinet et Cie.

Comme importateurs lyonnais au Sénégal nous devons citer, la maison Carrel et fils et la maison Guérin, représentée à Saint-Louis par M. Michoux, et M. Darmezin, représentant de la Compagnie française de l'Afrique occidentale.

M. Poyard, de Saint-Etienne, est actuellement commerçant à Saint-Louis.

MM. Chazy et Michaud, de Lyon, ont été les fondateurs de la maison de papeterie exploitée maintenant à Saint-Louis par la maison Veuve Guérin, de Paris.

Bon nombre d'autres Lyonnais ont également habité le Sénégal pendant un certain temps, en y entreprenant des exploitations diverses.

SOUDAN FRANÇAIS

M. Astier, de Lyon, représente à Nioro la maison Richaud et Schwab, de Lyon ; le commerce fait à Nioro par cette maison concerne les produits européens de toute nature, les produits indigènes, la gomme, l'ivoire, les plumes, etc. Il se traduit par un chiffre d'affaires d'environ 100.000 francs.

M. Colas, de Lyon, fait partie de la maison Gilium, Pilet et Colas, fondée récemment et qui a établi plusieurs comptoirs au Soudan, à Bamako, Djenné et Tombouctou.

M. Gilium, le fondateur de la maison, ancien adjudant d'artillerie de marine, chevalier de la Légion d'honneur, avait passé ses deux dernières années de service au Soudan, avant d'y prendre sa retraite. Il vient de mourir récemment. Il s'était adjoint en France M. Pillet et M. Colas. A peine arrivés au Soudan ces messieurs se sont immédiatement fait remarquer par leurs grandes qualités d'initiative ; ils se sont installés presque en même temps à Bamako, à Tombouctou, à Djenné, menant de front le commerce et les exploitations nouvelles.

A Bamako et à Koulikoro particulièrement, la maison Gilium, Pillet et Colas a établi d'importantes installations. Son chiffre d'affaires y est d'environ 100.000 francs ; son commerce comprend la vente de produits européens, conserves, tissus, parfumerie, perles, objets utiles de toute nature. Elle a également tenté avec succès la culture du blé et va commencer prochainement un essai de culture de tabac ; son projet n'est pas d'exporter ce produit, mais de le mettre en vente dans le pays même, après l'avoir manipulé légèrement. Enfin, elle a l'intention de commencer la culture du coton sur une vaste échelle.

A Bamako, la maison Gilium, Pillet et Colas dispose d'un atelier

de menuiserie bien installé pour les réparations à son matériel rou-
lant et aux divers aménagements intérieurs.

A Koulikoro, elle s'est rendue acquéreur d'un terrain de
1050 mètres de superficie; elle y a commencé immédiatement la
construction d'un magasin de transit et d'un atelier pour. le montage
de ses chalands. Ces chalands, d'un type excellent pour le Niger,
sortent de la maison Satre fils aîné et Cie, de Lyon. Enfin, la maison
Gilium, Pillet et Colas est installée à Djenné depuis le mois de
juillet 1898. Elle n'y vend actuellement que des marchandises pour
l'indigène (point d'alcool ni de liqueurs) et fait du troc pour du mil,
du riz, et des ânes nécessaires aux convois organisés entre Bamako
et Dioubéba. Les résultats obtenus sont très satisfaisants.

INDO-CHINE FRANÇAISE

L'Indo-Chine doit beaucoup aux Lyonnais : nous avons rappelé
au précédent chapitre, en citant leurs noms, que les Jean Dupuy et
les Henri Rivière, qui nous ont donné le Tonkin, étaient les dignes
émules de Pierre Poivre, et que nos négociants, nos colons avaient
continué, par leurs entreprises pacifiques, l'œuvre de la conquête :
n'oublions pas de proclamer ici que c'est sous la vive impulsion d'un
distingué et hardi compatriote, M. Ulysse Pila, que des œuvres
importantes ont vu le jour au Tonkin et en Annam. Malheureusement, nous constatons que nos renseignements recueillis sur toutes
ces entreprises lyonnaises sont loin d'être complets et nous ne
pouvons présenter ici des notices particulières en nombre suffisant,
comme nous l'aurions souhaité ; aussi est-il indispensable de déclarer
que l'œuvre lyonnaise, pour n'avoir pas désiré ici une publicité que
nous aurions voulu plus grande, n'en est pas moins considérable
sur cette terre d'extrême Orient.

L'action de cette œuvre n'est pas non plus terminée ; elle tend
au contraire à se développer : nous sommes heureux d'ailleurs
de constater que l'ancien chef de la mission lyonnaise d'exploration
commerciale en Chine, M. Henri Brenier, est sous-directeur du
Commerce de l'Indo-Chine, et que M. Jacquet, notre compatriote,
est directeur de l'Agriculture en Annam.

A. — COCHINCHINE

Parmi les Lyonnais négociants, industriels ou planteurs résidant
en Cochinchine, nous citerons :

M. Belz, fondé de pouvoir de la Compagnie des Messageries
maritimes.

M. Brunet, papetier et libraire.

M. Comte, possédant une maison de commerce d'importation et d'exportation.

M. Courtinat, commissionnaire, importateur, représentant.

M. David, fabricant de limonade.

M. Denis, ingénieur, représentant de la Société de Levallois-Perret.

M. Josserand, courtier.

M. Lays, fabricant de liqueurs.

B. — CAMBODGE

Nous indiquerons les noms suivants parmi ceux de nos compa triotes installés au Cambodge :

MM.

Lebretton (Louis), employé de la maison A. Borrelly et Cⁱᵉ, dont l'établissement principal est à Saïgon. Cotonnades, fer, ciment, importations, exportations.

Rondy (Pierre), négociant en étoffes et produits divers.

Couturier (Jules), mécanicien, chargé de la direction de l'usine à glace que la maison Borrelly et Cⁱᵉ possède à Phnom-Pen.

Margerand (Lucien-Jean-Marie), attaché à la maison de quincaillerie Graaf de Lailhacar et Cⁱᵉ, dont le siège principal est à Saïgon.

Rochard (Pierre), hôtelier.

Brochier (Alexandre-Louis) attaché à la ferme Vandelet et Faraut, qui se livre à l'élevage des bovidés et des porcs.

Nous rappellerons que de nombreuses fabriques de cotonnades de la région de Roanne, de Thizy et d'Amplepuis se sont organisées en vue de l'écoulement au Cambodge de leurs tissus qu'elles ont su adapter, tant au point de vue du dessin qu'à celui de la qualité, aux goûts des indigènes qui précédemment n'avaient que des cotonnades anglaises.

C. — ANNAM

Les principales entreprises lyonnaises en Annam sont les suivantes :

1° Société des docks et houillères de Tourane (dont une notice est reproduite ci-après) ;

2° La maison Derobert et Fiard à Tourane et à Lyon (rue Royet), avec comptoir à Faifo (notice annexée) ;

3° La concession de M. Petitpierre, qui depuis huit ans s'occupe de plantations, et particulièrement des cultures indigènes. Il a aujourd'hui, de concert avec deux associés, une importante entreprise agricole au Quang-Nam.

4° La maison de M. Rideau à Qui-Nhone. M. Rideau a tenu un commerce de gros et de détail à Tourane, qu'il a quitté pour aller s'établir à Qui-Nhone, où il est actuellement agent de la ferme des alcools indigènes et s'occupe de l'exploitation de divers produits locaux. Il vient de se livrer à une intéressante tentative d'exploitation des bancs d'huîtres perlières et d'éponges de la baie de Cuan-Dai et des ports voisins. Les premiers résultats obtenus dans cette voie sont de nature à faire bien augurer de l'avenir de cette nouvelle industrie.

DOKS ET HOUILLÈRES DE TOURANE

Société au capital de 3.500.000 francs. Président du Conseil d'administration : M. Ulysse Pila ; administrateur délégué et directeur à Tourane : M. Malon; siège social : 65, rue de la Victoire, à Paris. Direction : 2, rue de la République, à Lyon.

Sur la côte d'Annam, à 700 kilomètres de Hongkong, s'ouvre la vaste rade de Tourane, une des plus belles des mers de Chine.

En remontant dans l'intérieur, le long de la rivière de Tourane, on rencontre à 65 kilomètres environ de la côte un gisement houiller. Ce gisement, concédé en 1881 par le gouvernement annamite à un Chinois, fut cédé par lui en 1889 à une société française « *la Société des houillères de Tourane* ». La concession qui lui était reconnue par le Protectorat représente une superficie de 3000 hectares.

En raison de circonstances particulières indépendantes de toutes prévisions, la Société dut procéder, en 1894, à une liquidation amiable.

MM. Pila et Malon, qui connaissaient l'importance de ce gisement houiller, estimèrent qu'outre les intérêts particuliers qui étaient en jeu, il y avait un intérêt politique, patriotique, à ne pas laisser disparaître cette entreprise. Ils obtinrent des liquidateurs la cession de l'affaire, à la condition de constituer une nouvelle société.

C'est cette nouvelle entreprise que MM. Pila et Malon ont créée en mai 1899, sous le nom de *Société des Docks et Houillères de Tourane*, au capital de 3.500.000 francs.

Outre la concession de 3000 hectares de terrain, les fondateurs, MM. Pila et Malon, ont fait apport à la nouvelle Société du contrat par lequel le Gouverneur général de l'Indo-Chine leur concède :

1° La location de l'îlot de l'observatoire, dans le port même de Tourane ;

2° Le droit d'y construire des quais, des appontements, des magasins, un parc à charbon, et d'y percevoir des taxes sur navires et sur marchandises.

Les grandes profondeurs relevées dans la partie de la baie de Tourane abritée par l'îlot de l'observatoire, semblent devoir permettre de constituer, en ce point, un abri des plus sûrs où les navires, qui sillonnent les mers de Chine, feront d'autant plus volontiers escale qu'il seront certains d'y trouver du charbon.

D'autre part, si le trafic commercial du port de Tourane n'est encore que de 12 millions de francs environ, des indices sûrs permettent d'en prévoir l'accroissement prochain, grâce à la mise en valeur de l'empire d'Annam.

Ce sont ces considérations qui ont décidé d'importants établissements financiers de Paris, de Lyon et de Marseille à s'intéresser à cette entreprise, qui a le double objectif de l'exploitation d'une riche mine de charbon, et de la création d'un port admirablement situé sur les mers de Chine.

C'est ainsi que, dans la composition du Conseil d'administration, se trouvent réunis les noms des représentants des maisons de banque importantes de Paris, Lyon et Marseille :

M. ULYSSE PILA, administrateur de la Société lyonnaise de dépôts à Lyon, président du Conseil ;

M. Guillaume BEER, administrateur de la Banque internationale de Paris ;

M. Charles Cambefort, administrateur du Comptoir national d'escompte de Paris ;

M. Amédée Girod de l'Ain, administrateur de la Compagnie des chemins de fer Paris-Lyon-Méditerranée ;

M. Jean Keller, ingénieur des mines ;

M. J.-V. Kimmerling, directeur de la Société lyonnaise à Lyon ;

M. Louis Pradel, vice-président de la Banque Privée à Lyon ;

M. André Rickmers, armateur à Brême ;

M. Raoul Wagner, administrateur de la Société générale à Paris;

M. J.-B. Malon, entrepreneur de travaux publics, président de la Chambre de commerce de Haiphong ;

M. J. Charles-Roux, vice-président de la Compagnie du canal de Suez, administrateur délégué de la Société marseillaise de crédit industriel.

La direction de la Société est confiée à M. Malon, qui appartient par sa naissance à la région lyonnaise, et qui s'est signalé au Tonkin, depuis quinze ans, par les importants services qu'il a rendus à la cause de la colonisation, grâce à son intelligence et à sa ténacité. C'est à lui que reviendra, en grande partie, la charge et l'honneur de mener à bien cette nouvelle entreprise.

DEROBERT FRÈRES ET J. FIARD

Tourane (Indo-Chine) et Lyon (Clos-Bissardon). Comptoir à Faïfo. Importation, exportation. Sucres, mélasses, canelle, badiane, benjoin, stick laque, joncs, rotins, lauriers, riz, bois brut pour cannes, peaux de buffles, de bœufs, cornes de buffles, de cerfs, soies et déchets, cotonnades, soieries, etc., thé de l'Annam provenant des ventes exclusives de notre récolte. Plantations dans le Phu de Hadong, préparation à Faïfo.

« Nous sommes en Indo-Chine depuis 1874. A Saïgon, sous les raisons sociales Fiard jeune, veuve Fiard et Cie, H. Derobert ; nous y faisions le commerce d'importation de produits comestibles. Ce commerce prospère a cessé pour des raisons de santé, mais il a été repris à Hué par notre sieur H. Derobert en 1885-1886.

« Par nos bonnes relations avec la Cour d'Annam, nous avons été favorisés de commandes de soieries importantes, commissionnées sur des collections de très grande valeur comprenant tous les genres, teint en pièces, en flottes, articles de théâtre, d'Orient, velours, damas, dorures, belles étoffes brochées et damassées des premières maisons de la place.

« A la suite de ces commandes, nous faisions tisser à Lyon un manteau de Cour (40.000 cartons Vincensi) que nous avons montré aux régents de l'Annam, en 1889, lors de leur visite officielle à l'usine de MM. Chatel et Tassinari, commandes non renouvelées par suite du décès du roi, etc.

« Nous nous sommes portés alors sur le commerce indigène, ce qui a été très long à observer et à pénétrer, par suite de toutes les difficultés rencontrées.

« Obligés de descendre de Hué à Tourane, puis de nous installer à Faïfo, dans ces pays neufs, où le commerce est très vieux, et où le colon à souvent tout à apprendre, on rencontre les plus grandes difficultés pour créer un courant commercial qui ne peut se déve-lopper qu'au détriment de ce qui existe.

« Le commerce de l'Annam tient, pour des raisons multiples, aux marchés de Hong-kong et de Singapoore ; entre autres, parce que les maisons faisant ce commerce sont chinoises, et qu'elles ont ainsi plus de facilité à traiter avec ces marchés, où elles trouvent encore, en échange de leurs exportations, tout ce qu'il leur faut pour l'im-portation. D'autre part, l'Annamite ne vient que très lentement à une maison nouvelle, d'autant plus qu'il n'avait jamais traité avec des Français, et cela a été une question de temps pour l'amener à reconnaître la sécurité qu'il y avait à traiter avec nous.

« Nous avons dû faire accepter la piastre, qui était presque inconnue à Faïfo, et ce n'est que graduellement que l'on constata les ressources du pays.

« Nous avons été les premiers à faire connaître les cotonnades françaises et à vaincre la concurrence alors très active des tissus étrangers.

« Pour tous les articles d'exportation, il a fallu s'en occuper également de façon toute spéciale.

« Pour le sucre, commerce disait-on impossible avec la France, nous avons eu aussi beaucoup à lutter pour acheter et importer avec quelque chance de succès, alors surtout que les cours sont indépendants de la cote de Paris et même d'Europe, et atteignent parfois des limités inexplicables.

« En ce qui concerne les thés de l'Annam, la tâche n'a pas été moins laborieuse. Il a fallu faire savoir en France que l'Annam produisait un thé de qualité supérieure et, pour cela, le concours des importateurs de thé de Chine nous a complètement fait défaut. Après avoir dit tout le mal possible du thé de la colonie, ils ont été obligés de nous passer des ordres ; leur critique intéressée a de suite cessé ; ils ont alors cherché aussi, par tous les moyens, à se rendre maîtres de notre provenance, mais sans succès.

« Il appartient à une maison de l'Annam de soutenir la bonne qualité de ces thés et de faire ressortir que les qualités supérieures valent, par leur goût et leur arome naturel, les thés de Chine parfumés artificiellement, sans parler des thés verts qui sont teints.

« En Annam, où l'on ne voyait rien à faire, il existe maintenant un mouvement commercial réel, et les produits en sont connus et appréciés. »

D. — TONKIN

Nous donnons ci-après les renseignements succincts que nous avons pu recueillir sur un certain nombre de colons, industriels ou commerçants d'origine lyonnaise établis au Tonkin.

MM.

SAVOYAT, à Sontay, colon, cultive le riz et les plantes potagères.

BEAUVERIE (Edouard), à Yen-bay, colon, ingénieur civil des mines, dirige actuellement une mine d'or à Ka-binh près Bang-kock (Siam) ; a fait autrefois des recherches en périmètre réservé près Yen-bay (Tonkin), où il possède une plantation de caféiers.

MOUNARDET (Louis), à Cao-Bang, employé de la maison Duverger.

MARON, à Nam-dinh, colon, entrepreneur, s'occupe de colmatage sur sa concession, à Nam-dinh, où il réside habituellement ; fait actuellement diverses entreprises sur le fleuve Rouge.

SOCIÉTÉ LYONNAISE DE COLONISATION EN INDO-CHINE (remplaçant M. MÉTRAL, à Ninh-binh, ancien membre de la Mission lyonnaise d'exploration commerciale en Chine. V. notice ci-après).

MAGNAN, à Ninh-binh, cultive le riz et le café.

FAUSSEMAGNE, à Haiphong, entrepreneur, exploite une carrière calcaire, possède une huilerie et savonnerie.

GUIGAL, à Lang-son, colon.

BIGOT (Jacques), à Hung-hoa, colon, possède une jumenterie, cultive le café et distille les plantes aromatiques.

CLÉMENT à Quang-yen, dirige un hôtel.

THOMÉ (Paul), à Phulang-Thuong, colon, fait de l'élevage, dirige une exploitation agricole. (V. notice ci-après.)

THOMÉ (Louis) à Phulang-thuong, colon, exploite une concession.

FOURNIER, à Phulang-thuong, colon et entrepreneur.

Mme veuve DARNAUD, à Phulang-thuong, dirige un hôtel.

LABEYE (Alfred), à Tuyen-quang, entrepreneur des transports sur la Rivière Claire.

ROZIER (Louis), à Quang-yen, garde-magasin à la Société de Kébao.

CHOUVY, à Quang-yen, représentant de la maison Alléaume, entrepreneur des Travaux publics à Quang-yen.

J.-B. MALON, à Haiphong, entrepreneur des Travaux publics. (V. ci-dessus notice des Docks et Houillères de Tourane).

GOBET, à Haiphong, représentant de la maison Gillet de Lyon.

SPÉDER, à Haiphong, pharmacien.

CLÉMENT, à Haiphong, boulanger.

Veuve CAILLET, à Haiphong, hôtel de l'Univers.

Veuve DAVID, à Haiphong, magasin de modes.

FAUSSEMAGNE, à Haiphong, savonnier.

PERRIER, à Haiphong, dirige l'hôtel de la Rotonde.

REY, à Haiphong, entrepreneur.

RENOUD-LYAT, à Haiphong, négociant en vins.

BLETON, à Haiphong, négociant en divers produits.

MILLON, à Haiphong, marchand de fers.

LABEYE (Alfred), à Hanoï, entrepreneur.

LACHAL, représentant de la maison Schiess d'Haiphong.

FOURNIER, de la Mon Fournier, Tielluyer et Levaché, entrepreneur.

Nous reproduirons ensuite les quelques notices qui nous ont été fournies sur les entreprises lyonnaises au Tonkin.

SOCIÉTÉ DES DOCKS DE HAIPHONG

Parmi les entreprises coloniales lyonnaises, il convient de citer, au premier rang, la Société des Docks de Haiphong qui, au début de notre implantation au Tonkin, alors pays de protectorat, a doté cette colonie d'un instrument d'outillage commercial des plus puissants et des mieux appropriés, dont la durée et l'utilité ne peuvent être mieux attestées que par le seul fait que l'entreprise, telle qu'elle avait été conçue et organisée par l'initiative privée, fonctionne encore à l'heure actuelle sous l'administration directe de l'Etat et du service des douanes et régies.

La Société des Docks de Haiphong, constituée en 1886 par M. Ulysse Pila, au capital de 1.500.000 francs, divisé en soixante actions de 25.000 francs chacune, et fourni en majeure partie par les premiers noms de la finance, de l'industrie et du commerce lyonnais, avait pour objet l'exploitation d'une concession accordée pour une durée de vingt années à la maison Ulysse Pila et C⁰, pour :

1° La création et l'exploitation à Haiphong de Magasins généraux, délivrant des warrants et servant d'entrepôts réels de douane, avec appontements en eau profonde, destinés à l'accostage des navires de mer pour le débarquement des marchandises ;

2° La construction et la gestion des Magasins centraux pour le service des subsistances et des Magasins de transit de l'Administration militaire à Haiphong.

Commencés en 1887, les Magasins généraux et centraux de Haiphong furent terminés et ouverts à l'exploitation le 31 janvier 1889 ; ils avaient été dès leur origine, en 1887, déclarés d'utilité publique par arrêté du Résident supérieur de l'Annam et du Tonkin.

Cette création répondait à un besoin véritable, en même temps qu'elle assurait à l'administration des Douanes un moyen de répression de la fraude et une meilleure perception des impôts.

Son fonctionnement fut le point de départ d'une ère stable de développement commercial du pays. Aussi, dès 1896, l'Administration, en reconnaissant tous les avantages et se prévalant d'une clause de la convention, décida le rachat anticipé de l'entreprise, sans attendre l'expiration des vingt années de la concession, au bout desquelles les Magasins généraux et centraux devaient lui faire retour.

COMPAGNIE LYONNAISE INDO-CHINOISE

Capital : 1.250.000 francs. Siège social à Lyon, 2, rue de la République.
Président du Conseil et administrateur-délégué : M. U. PILA.

La Mission commerciale envoyée en Chine, en 1895, par la Chambre de commerce de Lyon, rapportait à son retour en France, en 1897, une moisson de documents et de renseignements. Parmi les plus intéressants se trouvaient ceux relatifs à la Chine méridionale, notamment à la province du Yun-nan, et à notre colonie de l'Indo-Chine.

Après tous ceux qui avaient, avec Jules Ferry, prouvé le parti que la France pouvait tirer non seulement du Tonkin, mais encore des provinces chinoises limitrophes, la Mission établissait que le fleuve Rouge était la vraie voie de pénétration sur le Yun-nan, et qu'un courant commercial des plus intéressants, autrefois existant entre cette province et la mer, pouvait être rétabli.

D'une part, l'exploitation de ces pays rendue possible par la paix enfin rétablie, d'autre part, la faveur que les entreprises coloniales commençaient à trouver dans le public français, firent naître dans l'esprit de M. Ulysse Pila l'idée de la création d'une société commerciale ayant des comptoirs au Tonkin, au Yun-nan, en Annam, sur tous les points où un contingent d'affaires pourrait être apporté à la nouvelle entreprise.

M. Pila était plus qualifié que tout autre pour apprécier la possibilité de cette création et pour la mener à bien. Connaissant le pays depuis longtemps par les affaires qu'il y avait traitées, par les séjours qu'il y avait faits, il avait en outre, comme commissaire délégué de la Chambre de commerce près la Mission lyonnaise, eu l'occasion de diriger la marche et les études de cette Mission et de se faire une opinion sur les appréciations et les documents que ses membres adressaient à la Chambre au cours de leur voyage.

C'est pourquoi, dès le mois de novembre 1897, il entreprenait la fondation d'une société anonyme ayant pour but, non-seulement de faire au Tonkin et au Yun-nan des opérations commerciales, mais encore d'étudier toutes les questions industrielles, agricoles qui dans la colonie naissante pouvaient solliciter l'attention de la métropole.

Il fut aidé dans cette tâche par deux membres de la Mission, MM. L. Rabaud et A. Vial, qui, pénétrés des mêmes idées, les exposèrent successivement devant des groupes d'industriels et de négociants à Lille, Bordeaux, Saint-Etienne, Tarare, Roanne, Villefranche et Lyon.

C'est dans la région lyonnaise que leur projet fut le mieux compris et que des concours financiers leur furent le plus généreusement assurés. Le fait est d'autant plus à l'éloge de notre région, que M. Pila et ses collaborateurs ne dissimulaient pas, dans leurs entretiens sur leur projet, toutes les difficultés de la tâche à entreprendre dans un pays neuf où tout est à créer, voies de communication, exploitations agricoles, mœurs commerciales, institutions de crédit, etc..., et où, par conséquent, il faudrait un temps assez long avant que l'entreprise nouvelle pût porter ses fruits.

Malgré ces réserves, nécessaires à formuler au seuil d'une œuvre de bonne foi, le capital de 1.250.000 francs, jugé nécessaire par les fondateurs, était recueilli dès le mois de mars 1898, et, le 4 avril 1898, la Compagnie lyonnaise indo-chinoise se réunissait en Assemblée générale constitutive.

Son Conseil d'administration est ainsi composé :

M. Ulysse PILA, président ;

M. Amédée VALAYER, vice-président ;

M. Albert GAISMAN, secrétaire ;

M. F. JACQUIER, de la maison Jacquier-Falcouz, banquier à Lyon ;

M. Jules de BOISSIEU, ingénieur à Lyon ;

M. Louis PRADEL, vice-président de la Banque Privée à Lyon ;

M. Henri ESTIER, armateur, membre de la Chambre de commerce de Marseille ;

M. A. BRECHARD, industriel, président de la Chambre de commerce de Roanne ;

MM. RABAUD et VIAL, nommés directeurs généraux de la Société en Indo-Chine, arrivèrent au Tonkin au mois d'août 1898, et procédèrent à l'installation et à l'organisation des comptoirs de Hanoï,

Haïphong et Mong-tse (Yun-nan). Pendant ce temps, la Compagnie prenait part, au cours de l'année 1899, à la constitution de deux sociétés : Société cotonnière de l'Indo-Chine et Société des ciments Portland artificiels de l'Indo-Chine, dont les usines établies à Haïphong fonctionneront dans le courant de l'année 1900. Par contrat, la Compagnie lyonnaise indo-chinoise aura la vente exclusive de leur production.

La pacification aujourd'hui complète du Tonkin, l'accroissement annuel de son commerce général, la mise en train des grands travaux de chemins de fer locaux et de pénétration votés par le Parlement, semblent être autant de conditions favorables au développement de cette entreprise lyonnaise.

CONCESSION PAUL THOMÉ

A la Croix-Cuvelier.

La concession de M. Paul Thomé, de Lyon, est une des plus intéressantes à étudier, moins par l'importance de ses cultures que par la nature de son organisation.

La plaine mamelonnée qui s'étend au nord du Loc-nam, entre la région montagneuse de Bao-day et Lam, venait d'être ravagée par les pirates et les troupes. Les villages avaient été désertés. M. Thomé, garde général des forêts venu en mission au Tonkin, puis resté au service d'un syndicat lyonnais auquel il a depuis racheté ses droits, eut l'idée de s'y installer. Une ferme fortifiée, qui n'eut, du reste, aucune attaque à repousser, fut construite à Croix-Cuvelier. Le terrain concédé définitivement à ce colon fut de 3164 hectares. Depuis, 830 hectares sont venus provisoirement s'y ajouter, et une demande de concession de 462 hectares nouveaux est en instance.

Croix-Cuvelier est presque à l'extrémité du domaine. C'est la résidence ordinaire du chef et de deux parents qui sont venus le rejoindre. Une jumenterie, avec une soixantaine de juments, et une bouverie comprenant environ quatre-vingts bêtes y sont adjointes. A peu de distance, sur la rivière, se trouve une nouvelle ferme où habite le préposé des Douanes et où sont les magasins. C'est là que les nhâ qué apportent leurs redevances. Chevauchant quelque peu sur le Loc-nam par son extrémité est, à peu de distance de Croix-Cuvelier, le domaine s'étend sur une longueur d'environ 10 kilomètres et sur une largeur approximative de 4 kilomètres jusqu'aux abords de Tam-ra. A Tam-ri, sur la route de Phu-lang-thuong, se trouve une nouvelle résidence où reste à demeure un poste de police. Deux routes relient les deux stations principales ; l'une d'elles qui traverse la concession et dessert les plus importants villages, comporte un trajet sinueux de 14 kilomètres. Il y a 30 kilomètres de Tam-ri à Phu-lang-thuong, trajet généralement suivi pour venir à Hanoï.

Quatre villages ont été créés dès le début par M. Thomé, au moyen de familles de Muongs et Maus recrutés dans le Nord. Depuis, des Annamites sont venus d'eux-mêmes occuper d'anciens hameaux délaissés.

Les Muongs sont paresseux et difficiles à discipliner. Les Maus, contrairement à ce qui a eu lieu dans les autres régions, sont plus volontiers sédentaires. Ils ont d'ailleurs des accointances certaines avec les Annamites, qui me paraissent moins habiles agriculteurs et plus attachés qu'eux à la culture presque exclusive du riz.

C'est, comme partout, la principale production. Le colon avance les animaux et l'argent nécessaires, il est payé ensuite tant en argent qu'en nature — en paddy principalement —. A côté du riz, la canne à sucre est cultivée avec assez de succès par les villages, qui l'utilisent industriellement au lieu de la consommer en nature comme la plupart des habitants du Delta. Un peu de sésame, de l'indigo, du maïs sont, en outre, produits à côté de fèves et de patates, suivant la saison.

Une plantation très exiguë de ramie existe près de Tam-ri.

Une plantation de caféiers est en voie de création près du Loc-nam, sur un mamelon sableux. Cinq mille pieds pourront y être mis en place cet hiver. Un essai de pavot à opium sera fait sur une très petite surface à côté. Une prairie artificielle a été constituée près de la ferme avec l'herbe du Para.

Le reste des terrains disponibles doit rester en prairie naturelle. Le sous-sol, d'ailleurs, constitué par la pierre de Bien-hoa, s'oppose presque à toute autre utilisation. Les parties élevées, où se trouve, au lieu du limon argileux peu fertile de beaucoup de régions, un dépôt siliceux, pourraient seules être cultivées avec quelque chance de succès.

L'herbe produite et séchée par les soins du planteur est très grossière. Des perfectionnements sont nécessaires. La méthode actuellement suivie, qui consiste à brûler la brousse et à faucher périodiquement le gazon, est trop primitive. On ne peut brûler que des herbes sèches et par conséquent dont les semences arrivées à maturité sont déjà sur le sol, prêtes à germer sous les cendres refroidies. Des éléments sont en outre détruits par l'incinération des herbes. Mieux vaudrait faucher prématurément les végétaux grossiers qui croissent spontanément et les utiliser pour la confection de composts et de fumiers, qui, consommés et complétés par des additions de chaux ou autres engrais, seraient ensuite épandus sur les prairies. Un aménagement des prairies en vue des irrigations s'impose aussi.

SOCIÉTÉ LYONNAISE DE COLONISATION EN INDO-CHINE

La Société a pour objet la création et l'exploitation d'entreprises agricoles, commerciales ou industrielles en Indo-Chine.

M. Métral, membre de la Mission lyonnaise d'exploration commerciale en Chine, avait, à son passage au Tonkin, obtenu une concession aux environs de Ninh-binh.

C'est cette concession, d'une contenance d'environ 1722 hectares, que la Société a pour premier objet d'exploiter.

Elle se compose d'anciennes rizières abandonnées par les Annamites au moment des troubles, de jungles et terrains boisés et marécageux sur les bords du Song-phu, et de terrains sur pentes et petits plateaux propres à la culture du thé, du café, du manioc.

Les rizières anciennes et les nouvelles qui pourront être établies seront exploitées par métayage.

La Société s'efforcera d'attirer sur son territoire des villages d'Annamites, en leur fournissant :

1° Le terrain et les semences ;

2° Les instruments aratoires ;

3° Les buffles et bœufs nécessaires.

Ces instruments et animaux resteront, bien entendu, la propriété de la Société.

Les Annamites métayers travailleront à moitié fruit, mais la première récolte de paddy (riz non décortiqué) leur sera entièrement abandonnée, afin de les attirer en plus grand nombre sur la concession.

Comme il y a en Annam deux récoltes par an, la Société ne récoltera la première année qu'un quart de la récolte totale. Le partage s'effectuera ensuite par moitié, mais profitant de l'imprévoyance des indigènes qui vendent de suite leur récolte sans assurer leur subsistance (ce qui a pour conséquence de faire *périodiquement* hausser la valeur de cette marchandise dans les mois qui précèdent la prochaine récolte), la Société, qui possédera des magasins, y conservera, en outre de la moitié qui lui revient, les quantités de paddy qui se présenteront à la vente autour d'elle.

A la veille de la récolte et lorsque le pays est presque démuni de riz, la hausse du paddy est normalement de 20 à 30 %. Elle a atteint, en avril 1898, jusqu'à 80 % dans tout l'Annam.

Les autres cultures : café, thé, etc., seront exploitées directement par la Société, au moyen de tâcherons indigènes, surveillés par des chefs de culture choisis parmi les Annamites *de retour au pays*, après avoir pratiqué ces cultures dans des pays où les procédés agricoles sont plus avancés : Ceylan, par exemple.

Fonds social. — Le fonds social est fixé à la somme de 200.000 francs et divisé en 400 actions de 500 francs.

Sur ces 500 actions, 100 ont été attribuées aux fondateurs, les 300 autres ont été émises et entièrement souscrites.

Le 1er quart a été versé de suite.

Le 2e quart est appelé et sera versé avant le 20 mars 1900.

Les actions sont nominatives jusqu'à entière libération.

Administration de la Société. — Le Conseil, nommé pour six années, se compose pour le moment de quatre membres, dont trois en France, qui sont :

MM. L. MAGENTIES, président.

J. VINCENT DE SAINT-BONNET.

Jean BALAY.

CHAFFANJON, administrateur délégué pour le Tonkin.

Le nombre des membres du Conseil pourra être porté à sept.

Chaque administrateur est propriétaire de dix actions inaliénables pendant sa gestion.

Les pouvoirs les plus étendus ont été conférés au Conseil d'administration, et par celui-ci à l'administrateur délégué au Tonkin, notamment pour faire tous traités ou marchés, pour l'achat ou la vente de marchandises ou produits, pour acquérir, aliéner, donner ou prendre à bail, demander des concessions nouvelles, etc.

Le siège social est à Lyon, 47, rue de la République.

L'Assemblée générale statutaire est fixée pour le courant du mois de mai de chaque année.

Pour y prendre part il faut être propriétaire de cinq actions au moins.

Au Tonkin, les intérêts de la Société sont confiés aux soins de M. Paul Chaffanjon de Lyon, administrateur délégué qui a déjà habité sept ans le Tonkin, de M. Repelin, un des fondateurs, et de M. Gustave Vincent de Saint-Bonnet.

La Société a déjà commencé à prendre possession des lieux et à construire. Le défrichement est entrepris, et des plantations et des semis de café et de thé ont été faits.

MARTINIQUE

La région lyonnaise a toujours été représentée à la Martinique, surtout dans le commerce. En remontant à une trentaine d'années, le commerce des soieries et foulards de Lyon était représenté par la maison MAMBLET ET VERNET, dont le chef, M. Mamblet, fut remplacé en 1870, après son décès, par M. Damiron. Cette raison sociale, Vernet et Damiron, ne dura que quelques années, car vers 1878 le marché de Saint-Pierre comptait trois maisons distinctes : Peiron et Weil, Damiron et Cie, Vernet et Deplanche, s'occupant spécialement des soieries lyonnaises ; ces maisons prospérèrent jusqu'à l'incendie de Fort-de-France en 1890, qui, avec le désastre du cyclone en 1871 acheva la ruine de la colonie. Ces différentes maisons essayèrent de se maintenir malgré les fortes pertes qu'elles avaient essuyées, quand la création des colis postaux, favorisant le public, vint donner le coup de grâce à ce genre de commerce en demi-gros, et éloigner de la Martinique toutes ces maisons, à l'exception de la maison G. DEPLANCHE qui est toujours sur le marché de Saint-Pierre, et a, en dehors de son commerce de détail et de demi-gros, la représentation de plusieurs fabriques lyonnaises.

M. A. THIERRY, ancien professeur à l'Ecole d'agriculture d'Ecully (Rhône) près de Lyon, venu à la Martinique comme directeur du jardin botanique de Saint-Pierre en 1881, s'est, après quelques années, appliqué à la culture et à la fabrication de l'indigo, plante indigène abandonnée et qu'il a fait revivre, tant comme denrée coloniale que comme culture, de légumineuse susceptible de fournir un assolement à la canne à sucre qui, en, raison d'une monoculture prolongée, pousse à présent très difficilement sur beaucoup de terrains appauvris. Il a installé une indigoterie sur l'habitation « Grand'Rivière » où, à l'aide de procédés perfectionnés qu'il a imaginés et appliqués, il produit régulièrement des indigos de

qualité supéreure, qui sont vendus au Havre au-dessus des prix
pratiqués pour les indigos de l'Inde. Il a également beaucoup
contribué, par son concours et ses connaissances sur la matière, à
l'installation d'une autre indigoterie établie à Vauclin par M. Assalin,
originaire de la Martinique. Cette industrie paraît appelée à prendre
· une extension sérieuse en raison des résultats obtenus, mais son
développement est rendu difficile dans la colonie, par suite de
l'hésitation constatée chez les planteurs coloniaux en face de toute
innovation agricole, puis du manque des capitaux nécessaires à
ces transformations agricoles.

M. BALANDRAS, instituteur, originaire des environs de Villefranche, s'occupe également de culture et d'élevage au Morne-Vert;
enfin M. BÉDIAT, à Fort-de-France, tient depuis de longues années
le premier hôtel de cette ville.

GUADELOUPE

Les seules personnes originaires de la région lyonnaise qui nous ont été indiquées comme possédant des établissements dans l'arrondissement de la Grand'Terre sont :

M. DEUMIÉ, négociant en rhum et liqueurs, conseiller général.

M. le Vicomte DE LAVAL DE GOUDAN, directeur d'une Compagnie lyonnaise de gaz acétylène.

M. LABATIE, entrepreneur de bâtiments.

GUYANE

La découverte des gisements aurifères de la Guyane a attiré de nombreux prospecteurs, parmi lesquels figurent des Lyonnais : nous citerons parmi eux M. Marius VEYRON, copropriétaire et administrateur du placer de Japigny, situé à l'Approuague, à 300 kilomètres environ de Cayenne, c'est-à-dire à dix-huit ou vingt jours de la capitale de la colonie.

NOUVELLE-CALÉDONIE

La Nouvelle-Calédonie renferme bon nombre d'habitants originaires de la région lyonnaise ; à titre documentaire, nous donnons
ci-après, d'après le dernier recensement de 1898, la liste des chefs
de famille natifs du seul département du Rhône et habitant la
colonie :

BERNERON Louis, employé à Nouméa.
SARGNON Jean, négociant à Nouméa.
BASTIEN Jean-Baptiste, entrepreneur à Nouméa.
THÉVENET Auguste, négociant à Nouméa.
MAYER Albert, conducteur des ponts et chaussées à Nouméa.
LUQUET Pierre, commis des ponts et chaussées à Nouméa.
BURNICHON Joseph, conducteur des ponts et chaussées à Nouméa.
DE FENOYL Jean, missionnaire à Nouméa.
RICHARD Simon, négociant à Nouméa.
ROZIER Marcel, employé de commerce à Nouméa.
VICA Léon, employé de commerce à Nouméa.
CADET Paul, comptable à Nouméa.
GUICHONNET Eugène, employé à Nouméa.
RAVET Jacques, employé à Nouméa.
BASTIEN Alexandre, charpentier à Nouméa.
RIGAL Louise (D^lle), couturière à Nouméa.
LECHANTEUR Pierre, journalier à Nouméa.
VILLARD Benoît, frère mariste, à Nouméa.
GODINEAU René, menuisier à Nouméa.
MARESSE Célestin, charretier à Nouméa.
MAZET Joseph, charpentier à Nouméa.
DUPUY Michel, propriétaire à Dumbéa.
PLASSE Antonin, missionnaire à Païta.
THIVIEND Nicolas, frère mariste, à Païta,

RAVE Simon, commerçant à Bouloufari.

BARRE Daniel, gendarme à Bouloufari.

MICHEL-VILLAZ Ernest, planteur à la Foa.

MICHEL-VILLAZ Jules, planteur à la Foa.

CHABERT Edouard, surveillant militaire à la Foa.

MASSON Jules, surveillant militaire à la Foa.

LOCHET Claude, commerçant à Couaoua.

TABANEL Louis, gendarme à Bourail.

GRANGE Jean, employé d'industrie à Trépouï.

CHENEVIER René, charpentier à Trépouï.

CHENEVIER Joseph, charpentier à Trépouï.

Veuve SUCHERAS Marie, propriétaire à Pouembout.

PARENT Armand, colon à Voh.

POULET Auguste, propriétaire-éleveur à Hienghène.

BERNE Stephan, missionnaire à Touho.

MONTAGNAT Louis, hôtelier à Oégoa.

ROCHE Pétrus, mécanicien à Oégoa.

DUPRIEZ Elie, gendarme à Oégoa.

MULSANT Victor, missionnaire au Mont-Dore.

FILLON Jean-Marie, frère mariste, à l'île des Pins.

CHANRION Claude-Marie, missionnaire à Maré.

BARALLON Régis, missionnaire à Ouvéa.

On constate ainsi que nos compatriotes ont largement répondu aux efforts que, depuis un certain nombre d'années, soit l'adminis-tration, soit l'Union coloniale ou le Comité Dupleix, multiplient en vue d'introduire dans la Nouvelle-Calédonie des éléments de coloni-sation sérieux, provenant directement de la métropole et se recru-tant parmi les classes les plus honorables de la population. On sait d'ailleurs que la Nouvelle-Calédonie est, à part la région du nord de l'Afrique, la seule de nos colonies où le travail manuel et prolongé est permis à l'Européen.

Mais nous devons ici rendre particulièrement hommage aux entre-prises tentées en Calédonie par une famille lyonnaise, la famille VILLAZ, non pas tant peut-être à raison de l'importance et du succès de ses entreprises, qu'à cause de la propagande en faveur de l'immi-gration néo-calédonienne, dont elle a été l'instrument : effectivement, le Comité Dupleix a publié *les Débuts d'un émigrant en Nouvelle-Calédonie*, qui consiste, en réalité, dans la reproduction du journal d'un colon, M. Michel-Villaz, qui est bien de Lyon, n'en déplaise à l'éditeur, qui semble le faire partir de Paris, afin de ne pas lui laisser la qualité de provincial, qui peut-être aurait pu lui nuire auprès de certains esprits.

En effet, M. Ernest Michel-Villaz est né en 1858, à Lyon, où il a fait ses études chez les lazaristes.

D'abord employé dans une maison de banque, puis ensuite comptable d'une importante usine de teinture pour la soie, il tenait en même temps la comptabilité d'une grande exploitation agricole dans la Dombes ; c'est là qu'il a appris, théoriquement au moins, en quoi consiste la culture, ce qui lui a été très utile par la suite.

L'usine de teinture dans laquelle Ernest Michel-Villaz était employé ayant liquidé, celui-ci s'est trouvé sans situation.

Lecteur du *Petit Journal*, il y remarqua les articles que l'*Union coloniale* y faisait publier pour pousser à la mise en valeur de la Nouvelle-Calédonie et engager les colons à se diriger vers cette contrée.

Des renseignements pris par lui à l'*Union coloniale* et ailleurs, il résultait que, moyennant le versement d'un capital de 5000 francs à la banque de l'Indo-Chine, on pouvait obtenir du gouvernement une concession provisoire de 20 hectares de terrain, en Nouvelle-Calédonie, et que, au bout de trois ans, cette concession devenait définitive si une certaine somme de travail de défrichement et de mise en culture avait été faite par le colon dans sa concession.

Le voyage pour la Nouvelle-Calédonie était gratuit.

La culture du café était spécialement recommandée aux futurs colons, comme très avantageuse.

Enthousiasmé par ces renseignements, Ernest Michel-Villaz emprunte à un de ses frères la somme de 5000 francs nécessaire pour devenir concessionnaire provisoire ; il rassemble une pacotille d'instruments aratoires, de graines diverses, de vêtements, de provisions de tous genres, et s'embarque seul à Marseille, le 1er octobre 1895.

Son voyage, son arrivée en Nouvelle-Calédonie, son installation ses tribulations et la mise en exploitation de sa concession sont détaillés jour par jour dans la brochure qui a été publiée aux frais du Comité Dupleix, de Paris, et répandue partout.

Cette brochure est la reproduction même de la correspondance adressée par Ernest Michel-Villaz à son frère Jules (futur colon), alors à Paris, lequel eut un jour l'occasion de la montrer à un membre du Comité Dupleix. C'est ainsi que cette correspondance

si pleine de vie, d'entrain, de bonne humeur et d'esprit, qui part
du 20 septembre 1895, et va jusqu'au 4 février 1897, a été imprimée
et publiée par ledit Comité, qui a jugé utile de la porter à la
connaissance du public.

Cette brochure a eu le plus vif succès : « Michel-Villaz, disait
M. Bonvalot dans une brochure publiée postérieurement et inspirée
par la première, est devenu un homme célèbre, dont le nom hante
l'esprit de beaucoup de jeunes gens. J'en ai connu qui avaient
été troublés par ce récit si simple, mais si vivant, de la vie d'un
colon, comme par la lecture d'un Robinson Crusoé. »

M. Feillet, gouverneur de la Colonie, avait bien voulu préparer une
introduction à cette brochure ; nous en reproduisons les passages
suivants :

« Récemment, le frère d'un des premiers colons que j'ai installés
« dans le beau centre de Sarraméa m'apporta le journal dans lequel
« furent consignés les travaux d'une première année passée en
« Nouvelle-Calédonie. Ce journal écrit avec sincérité par un homme
« que j'ai vu à l'œuvre, et qui a su réussir malgré des difficultés
« toutes spéciales, m'a paru intéressant à publier. Il m'a semblé que
« l'exemple donné par ce colon serait contagieux, et qu'il montre-
« rail aux jeunes gens énergiques qui ne savent à quoi dépenser
« leur énergie, que là-bas, dans ce beau pays, si riche, si sain,
« ils en trouveraient un fructueux emploi.

« Rien d'encourageant, en effet, comme ce journal de M. Michel-
« Villaz, surtout quand on songe que celui-ci a réussi, bien qu'il
« n'ait pas réuni toutes les conditions de succès habituellement
« requises.

« M. Michel-Villaz est un citadin. Il lui a donc fallu plus d'endu-
« rance qu'à un autre pour se plier au travail de la terre, toujours si
« pénible à ceux qui n'en ont pas l'habitude dès l'enfance. Il avait
« aussi des inexpériences plus grandes qu'un cultivateur. Quelques-
« unes lui ont coûté assez cher. On comprend bien que dans ces
« conditions les 5000 francs exigés lui aient paru un peu insuffisants.

« Néanmoins il s'était mis à sa tâche avec ardeur, avec bonne
« humeur, ne s'arrêtant pas aux premiers insuccès, poursuivant sa
« besogne avec entrain et ténacité.

« Je me rappelle avoir visité sa concession le jour de Noël 1895.
« Quand je l'ai vu en tenue de travail, sur son terrain déjà défriché,
« heureux de vivre dans l'indépendance de la vie de brousse, déjà

« attaché à son sol, fier de la beauté de son village de Sarraméa,
« sensible aux charmes de cette nature souverainement belle, je fus
« rassuré sur son sort; je le félicitai de son œuvre, et je lui prédis
« plein succès. Il a réussi, en effet. La caférie est plantée, et dans
« quelques années elle sera en plein rapport. Ses lettres et son
« journal ont convaincu son frère, qui va le rejoindre avec plusieurs
« amis et parents.

« Le Comité Dupleix ne pouvait faire une meilleure propagande
« qu'en publiant le récit animé et sincère de la première année
« d'un colon français en Nouvelle-Calédonie. »

Puisqu'il s'agit de l'œuvre d'un colon lyonnais, nous croyons tout
indiqué de reproduire ici quelques extraits des *Débuts d'un émigrant en Nouvelle-Calédonie,* regrettant que les dimensions de
notre étude nous interdisent de trop nous étendre sur les détails au
jour le jour de cette colonisation vécue, qui a un puissant caractère
didactique et respire une vigueur, une énergie que nous voudrions
constater chez tous les colons.

« *Sarraméa*, par la Foa, 8 janvier 1896. — J'ai enfin reçu les
livres et journaux qui m'étaient adressés, et cela après plusieurs
réclamations.

« Inutile de dire avec quel plaisir j'ai lu et relu tout cela.

« Étant toujours en très bonne santé, je travaille et je fais
travailler ferme. J'estime ainsi gagner du temps et prendre de
l'avance. C'est ainsi qu'il faut agir. Je suis certainement le plus
avancé des colons de la contrée; mon lot a déjà des chemins d'accès,
une belle avenue plantée de bananiers, de papayers et d'ananas,
chemin muletier conduisant à la maison en construction bordé de
plants de manioc, une pépinière prête et qui n'attend que la pluie
pour recevoir des graines, une cabane canaque en peau de niaouli
pour abriter les indigènes que j'occupe et enfin un beau pâturage que
je transformerai plus tard en paddock. Puis, d'un autre côté, sur une
longueur de 200 mètres, des caféiers étendront leur feuillage en
attendant leurs belles fleurs et leurs grains productifs.

« Un autre pâturage arrive près de la construction, qui se trouve
sur un monticule d'où je découvre toute la vallée de la Sarraméa et
la chaîne centrale avec ses immenses forêts.

« Comme je vais me trouver heureux dans cette nouvelle demeure où je pourrai installer tout ce dont j'aurai besoin!

« Le jour de Noël, j'ai reçu la visite de M. Feillet, le gouverneur de la Nouvelle-Calédonie ; il m'est revenu qu'il a eu très bonne impression des travaux exécutés et du remue-ménage qui existe sur mon lot. A ce moment, on commençait les trous ; des tas de bois amoncelés de loin en loin, attendant d'être secs pour être brûlés, attestaient de la besogne faite et de mon désir de ne pas attendre que les cailles m'arrivassent toutes rôties dans la bouche.

« S'il revient l'année prochaine, et que l'année soit bonne, il verra bien autre chose. Je commence à savoir mieux manier les outils et mes biceps ont plus de résistance, la chaleur ne m'incommode pas, je m'estime très heureux.

« Quand la saison des pluies sera venue et que j'aurai terminé la plantation de mes caféiers, je ferai un état détaillé de mes dépenses pour me rendre un compte exact de l'emploi utile que je fais de mon argent. »

. . . .

« *Sarraméa*, 9 février 1896. — La saison des pluies étant survenue, le 4 février, à 9 heures du matin, j'ai planté le premier plant de caféier de ma concession. Cette date est à noter, persuadé qu'un jour elle sera l'occasion d'un joyeux anniversaire pour moi.

« Actuellement, 700 pieds sont en terre et un temps à souhait en favorise la reprise; je ne sais quel sera le déchet, mais tout porte à croire qu'il sera modeste. Il me faut attendre un mois pour être fixé.

« 1800 trous attendent leurs plants, et si la nouvelle lune débute par la pluie, dès la fin de février ils seront garnis.

« Il me restera encore 1500 trous à remplir pour parfaire le chiffre de 4000 que je me suis imposé pour cette saison. Je compte avoir terminé fin avril. Aussitôt après je commencerai le débroussage pour le placement de 6000 trous. Ce sera ma campagne 1896-1897.

« Ensuite je compte me reposer et attendre le rendement de ces 10.000 pieds. Puis je continuerai et terminerai une plantation que, vu la nature du terrain, je compte faire arriver à 20.000 caféiers, en calculant le rendement moyen (ici on dit minimum) à 0,75.

« J'en arrive donc à pouvoir dire que, dans quelques années, j'aurai 15.000 fr. de revenu, sans avoir été obligé de les débourser en capital d'exploitation.

« En dehors du café, j'ai planté du manioc, du maïs ; j'ai fait un verger et un potager.

« Un puits a été creusé qui, même pendant la plus grande sécheresse, donnait encore 2 mètres cubes par jour; son débit est ordinairement de 5 mètres.

« J'amène cette eau à l'aide de tuyaux de bambous jusqu'à la porte de mon habitation; elle est recueillie dans les réservoirs creusés au milieu du potager et dans chaque abri d'animaux.

« Mes deux porcs, dont une truie pleine, ne se nourrissent actuellement que de lianes grasses que l'on trouve dans la brousse, attendant ainsi les récoltes de maïs et de manioc. La basse-cour commence à me fournir des œufs et apporte à ma nourriture un heureux supplément.

« Les bananiers que j'ai plantés en quantité ont tous pris et me promettent de beaux régimes pour l'année prochaine.

« Des ananas, des manguiers, des mandariniers, des citronniers, etc., etc., viendront aussi augmenter la valeur de ma concession, sans compter la maison qui est sur le point d'être terminée.

« A propos de cette maison j'ai eu bien des déboires; j'avais fait un prix avec un individu, sur lequel cependant j'avais eu de bons renseignements ; on avait fixé le prix à 900 francs. Or aujourd'hui il m'en réclame 2000, que je vais être forcé de payer. C'est fort regrettable, mais c'est ainsi. Il faut faire les marchés à forfait et par écrit; tous ces trafiquants et entrepreneurs sont doublés de canailles, D'ailleurs on ne sait d'où ils sortent. — Ce sera une leçon pour l'avenir et pour mes successeurs.

« Je n'ai pas encore parlé du produit de la pêche, qui a pourtant bien sa valeur dans un pays où on se procure difficilement de la viande fraîche de boucherie.

« La rivière passant sur mon terrain, j'y ai mis des nasses que je vais visiter de temps en temps, et il est rare que je n'y trouve pas quelque sujet que j'invite de suite à déjeuner.

« J'y trouve aussi des sortes d'écrevisses ou plus exactement de petites langoustes qui sont succulentes, ce qui varie heureusement la nourriture de conserves et de légumes secs auxquels je suis astreint en attendant les légumes frais qui ont été semés.

« J'ai reçu des lettres, mais pas les journaux qui, sans doute, ont encore été interceptés par MM. les fonctionnaires de la poste. »

. . . .

« *Sarraméa*, 15 août 1896. — Ta lettre de fin juin m'annonce ton intention arrêtée de venir me trouver en 1897. J'en suis enchanté. Seulement, réfléchis bien. Ici, on n'a pas toutes ses aises, et puis, si l'on ne s'y plaît pas, il n'est guère facile de rentrer en France sans de grands frais.

« Ce que je t'en dis, c'est pour avoir la conscience bien nette de toute espèce de pression exercée à ton égard.

« Pour un colon il faut d'abord de l'argent. Quelle somme? cela varie suivant le tempérament, les besoins et les connaissances techniques de chacun.

« Ainsi, je connais un colon, cultivateur de profession qui, parti de France avec 3000 francs, a très bien réussi. A côté de cela, j'ai entendu parler d'autres colons qui, venus avec beaucoup plus, ont renoncé à leur entreprise. Car, à moins d'avoir beaucoup d'argent, le colon qui n'est pas cultivateur doit payer de sa personne, travailler et étudier sans relâche. La culture est une profession qui exige des connaissances générales très étendues, que le nouveau venu doit s'assimiler rapidement, sous peine de voir son argent et son temps perdus.

« Le café est la culture de rendement qui doit, dans un temps donné et mathématique apporter le bien-être et la fortune, mais c'est quatre années d'un labeur assidu, d'avances continuelles pour assurer la main-d'œuvre et la vie des colons.

« Il faut donc, à côté de cette culture d'attente, en faire d'autres que j'appelerai cultures de subsistances. Le cultivateur de profession n'est pas embarrassé, c'est ce qui fait son avantage. La deuxième année il n'a plus rien à acheter, et même, jointe à ses produits de basse-cour et d'élevage, cette culture peut lui donner des bénéfices. Le maïs, la patate, le manioc, les haricots, la pomme de terre et mille autres choses sont d'un écoulement d'autant plus aisé que de nouveaux colons arrivent tous les mois et qu'ils ont besoin de tout.

« C'est donc avec l'idée bien arrêtée de tout tenter pour réussir, et de s'astreindre à toutes les nécessitées de cette nouvelle existence qu'il faut partir.

« Je te connais, tu as l'énergie, la force et la volonté de triompher de tous les obstacles, et puis, tu auras en plus l'expérience de ton frère qui t'a devancé et qui t'évitera bien des écueils et des tâtonnements préjudiciables. Dans cinq ans, ton modeste capital peut se changer en revenus annuels, et ton capital peut centupler, la valeur de la concession de terrain s'augmentant avec les revenus.

« Tu peux amener tes enfants sans crainte ; d'ordinaire ils supportent bien mieux le voyage que les grandes personnes, et ici dans la colonie ils se portent très bien. Le climat est excellent, c'est tout ce que l'on peut désirer de mieux, jamais trop chaud, jamais trop froid, pas de fièvres, pas d'épidémies. Un air pur et abondant, de l'eau claire et limpide partout.

« Une sécurité relative, certaine si l'on est aimé. Le canaque n'est pas à redouter. Le plus dangereux c'est l'évadé du bagne. Un bon chien pour donner l'éveil, et l'on est garanti, car le misérable sait que le colon est armé et qu'à la moindre tentative il serait nettoyé sans pitié. Un simple avis à la gendarmerie, un trou en terre et l'on n'en parlerait plus.

« J'ai dans mon voisinage trois ménages, jamais les dames et demoiselles n'ont eu à se plaindre de manque de respect.

« Il faut éviter autant que possible de partir d'octobre à février et d'arriver ici en pleine chaleur et dans la saison des moustiques ; ceux-ci sont un fléau dont tu ne peux te faire une idée. Il y a de quoi rendre enragé le plus doux des agneaux. Ces sales insectes vous lardent nuit et jour avec une constance et un ensemble dignes d'une meilleure cause.

« Sarraméa est certainement l'endroit où il y en a le moins ; ils commencent en décembre et finissent en avril.

« Apporte du linge en quantité, il est très cher en Calédonie et il faut en changer souvent. Prends des vêtements légers, de préférence en moleskine (peau de diable). Les moustiques ne peuvent piquer au travers.

« Pour le travail, des pantalons de treillis bleu, larges du haut et serrés à la cheville, des tricots, une ceinture bleue, pas de rouge du tout à cause des bœufs et taureaux que l'on rencontre souvent et que cette couleur affole, chapeaux de feutre à larges bords pour les sorties, chapeaux de paille bon marché pour le travail.

« Apporte des effets d'hiver. A la saison fraîche, on est bien content de les endosser le matin. Apporte également toute ta vaisselle, ta verrerie, tes couverts, une batterie de cuisine complète cuivre ou fer battu, pas de casseroles émaillées qui s'éraillent au feu nu.

« Ici toute la cuisine se fait sur la flamme. N'oublie pas une bonne broche. La cuisine et la nourriture sont le luxe du colon. Pour bien travailler il faut bien se nourrir, et puis c'est la seule distraction.

« N'oublie pas de bons souliers de chasse à semelles épaisses, les routes sont garnies de cailloux de mine durs et tranchants ; un fusil de chasse à percussion centrale et de bons revolvers, un fort couteau à étui pour la ceinture.

« Que les armes soient en bon état. Il n'y a pas d'armuriers à l'intérieur, et à Nouméa les réparations sont hors de prix.

« Pour les femmes et les enfants, choisis des étoffes légères de nuances claires, chapeaux canotiers larges et de tulle. S'il faut des plumes, il y a ici des oiseaux magnifiques qui en fourniront.

« Prends des leçons d'équitation et fais-en prendre à ceux que tu amènes. C'est le seul mode de transport. J'ai été obligé d'apprendre seul, à mes risques et périls.

« Il faut aussi penser aux distractions et s'assurer quelques amusements pour le dimanche et les soirées. Je te conseille donc d'apporter pour toi et tes enfants différents jeux, ainsi que des livres pour égayer les veillées de la mauvaise saison.

« N'oublie pas des graines et des semences de choix. Tout vient bien.

« Un grand souci pour l'arrivant, ce sont les rats qui pullulent et dévorent tout. Apporte des pièges, des nasses et des poisons pour les détruire rapidement.

« Pour la literie, ne t'en embarrasse pas ; aie seulement de la toile de matelas. La laine se trouve à bon compte ici. Pas de meubles encombrants et lourds qui arriveraient ici tout détériorés. Le bois est à discrétion et l'on fait soi-même des placards.

« Voilà à peu près ce dont il faut que tu te munisses. Si tu vois quelque chose à me demander, je me ferai un plaisir de te renseigner.

« D'ici ton départ, c'est-à-dire en avril, nous avons encore le temps d'échanger quelques lettres. »

. . . .

« *Sarraméa*, 17 septembre 1896. — J'ai reçu lettres et journaux, mais ces derniers avec un retard. Pourtant ils sont venus avec le même paquebot et auraient dû être distribués ensemble : c'est la gare. Décidément il y a ici une drôle d'administration des postes. Je lis les journaux avec beaucoup d'intérêt quoique parfois ils soient pas mal écœurants.

« Ah, si les Jaurès, consorts et Cie, au lieu de s'occuper des grèves et autres billevesées, mettaient leur talent et leur énergie au service de la cause coloniale, ils seraient beaucoup plus intéressants et rendraient de réels services à leur pays.

« D'ailleurs nous avons ici un exemple de ce fameux collectivisme prêché par les révérends Guesde et Cⁱᵉ, et qui doit ramener selon eux l'âge d'or et la satisfaction universelle.

« Le canaque hors de sa case ne possède rien et possède tout. Les plantations se font en commun et appartiennent à tous. Mais, si en dehors du travail de la communauté l'un deux fait une culture, tous les autres s'en emparent. S'il a élevé du bétail ou gagné de l'argent, il s'en voit dépouillé au profit de tous, surtout des fainéants.

« Le résultat est clair. En dehors de la communauté, même celui qui aurait envie de travailler ne fait rien. Pourquoi d'ailleurs, puisqu'il ne peut jouir de son travail personnel ?

« Si quelques-uns travaillent chez les colons, ils ont bien soin, avant de rentrer à la tribu, de se gorger de tafia et de victuailles pour arriver à la tribu sans le sou, sachant qu'ils seraient immédiatement dépouillés.

« Et c'est à ce régime de sauvages que l'on voudrait astreindre les Français !

« J'ai été quelque peu fatigué. N'ayant eu ni fièvre ni malaise, j'ai attribué cela au surmenage. Je me suis reposé un peu et suis beaucoup mieux. D'ailleurs, je n'ai cessé de manger de bon appétit. J'ai éprouvé une déception dans une partie de mes caféiers. Plusieurs centaines ont péri, j'en ai immédiatement recherché la cause. Je dois cela à la nature du sol qui n'est pas spongieux à cet endroit et qui garde l'eau. Je n'aurais pas dû employer le même système que dans les terrains de caillasse. Voici comment j'opère pour les remplacements : j'enfonce dans le fond d'un trou préparé une barre à mine que je tourne fortement pour agrandir le trou qui doit perforer la couche de glaise argileuse. Je mets du terreau et plante. Ce trou facilite l'infiltration de l'eau. De cette façon j'espère réussir. Quant aux autres caféiers, ils sont de toute beauté. Quelques-uns marquent la fleur et je ne désespère pas de pouvoir récolter quelques kilos l'année prochaine. Ce sera pour les amis.

« Aujourd'hui, j'ai fait ma tournée hebdomadaire dans ma concession. C'est toujours pour moi une nouvelle émotion quand je vois les résultats de mon travail. J'ai eu des pertes et j'ignore la cause de beaucoup d'entres elles. Mais je ne m'en affecte pas outre mesure.

Ne faut-il pas faire son apprentissage et peut-on prétendre qu'arrivant en droite ligne de Paris on doive fatalement être un planteur impeccable ?

« L'année prochaine je profiterai de mes expériences, je planterai beaucoup, dans de meilleures conditions et sûrement mieux. »

. . . .

« 11 novembre. — Pour ma plantation, je tiens le bon bout, mes premiers plants sont superbes et je suis sûr de récolter quelques kilos l'année prochaine, sur les plants de trois ans que l'on me disait impossibles de prendre. Ma plantation de septembre se tient bien, à part quelques pertes par-ci par-là. Sur les 500 n'en aurais-je que 400 de sauvés que j'aurais fait une bonne affaire.

« Je consomme beaucoup d'œufs. Actuellement ils se vendent o fr. 75 la douzaine. J'ai également des œufs de cane ; elles pondent énormément. La première que j'ai achetée au mois de mars, et que je surveille, en est à son cent neuvième œuf en deux cents jours.

« Puis, les canards ont un autre avantage, c'est celui de détruire complètement la vermine. L'année prochaine, à la saison des pluies, je les ferai ballader dans les plantations pour me débarrasser des limaces et autres insectes de même genre, sans compter que cette nourriture leur plaît beaucoup.

« Presque toutes mes couvées ont réussi. J'ai actuellement 104 poussins et j'en attends encore une trentaine. Si j'en sauve une centaine, cela me sera d'un bon rapport pour janvier ou février prochain.

« Quant aux porcs, je trouve que leur nourriture devient difficile et ne ferai pas de nouveaux élèves tant que le manioc que j'ai planté ne pourra assurer leur nourriture. Le maïs est trop échauffant, et puis la race demi-sauvage que j'ai est d'un rendement trop faible pour les embarras qu'elle me cause. Quand mon manioc sera en plein rendement, j'achèterai une belle race croisée Français et Tonkin, dont j'ai vu dernièrement des échantillons pesant de 150 à 200 kilogrammes. Ils n'occasionnent pas plus de frais, et leur rendement est bien supérieur. »

. . . .

« *Sarraméa*, 1er décembre 1896. — Pour ce qui est de la Nouvelle-Calédonie, des milliers de familles françaises peuvent y trouver un avenir assuré.

« Tous ceux qui, énergiques et forts, décidés à payer de leur personne, ayant un petit capital, voudront tenter l'essai, réussiront. En France, il est difficile de se créer une position, et puis, l'ayant, la vie est si chère qu'il est presque impossible, pour celui qui a de la famille, d'assurer l'existence et le bien-être de ses vieux jours. Grâce aux sociétés de colonisation, qui commencent à être mieux documentées, l'essor est donné. Des immigrants de plus en plus nombreux arrivent. Les premiers seront les mieux partagés, et plus il en viendra, plus la production sera grande et, par suite, mieux cela vaudra.

« Le café vient se chercher sur place ; sa qualité est supérieure : des produits nouveaux viendront plus tard se joindre à celui-là et assureront encore à la colonie de nouveaux acheteurs. L'avenir est là. »

M. Michel-Villaz a été rejoint par son frère, M. Jules Michel-Villaz, né également à Lyon et plus jeune que lui de deux ans. Devenu veuf, il a écouté les conseils de son frère Ernest et il est parti en 1897 pour la Nouvelle-Calédonie, où il a emmené ses trois enfants, de quatorze, sept et quatre ans, et une nièce de vingt-trois ans.

Comme son frère, il a obtenu une concession provisoire de 20 hectares couverte en partie de forêts et de pâturages.

Actuellement 6 hectares ont été débroussés, déboisés, et mis en plantation ; 15.000 caféiers ont été plantés, et commençaient à être en rapport lorsque le cyclone de février 1898 a complètement détruit la plantation.

A l'heure actuelle, les terrains ont été préparés de nouveau, et, à la prochaine saison des pluies, la plantation sera reconstituée et même agrandie. Il y aura environ 20.000 pieds, qui, actuellement, sont prêts en pépinière.

La constitution d'une propriété dans les conditions de celle des frères Villaz, située à flanc de montagne, a exigé un travail colossal, tant pour le déboisage que pour les travaux d'irrigation et d'assèchement.

Outre la culture du café, les frères Villaz ont entrepris la distillation de certains fruits du pays, ils ont déjà obtenu des produits très appréciés dans la colonie et pour lesquels ils ont été récemment médaillés. Ils espèrent, avec le temps, développer cette branche industrielle.

Ils sont en bonne santé et pleins d'espoir pour l'avenir. Ils ont la conviction de réussir, et ils le méritent ; ils déploient pour y arriver toute l'énergie et toute la persévérance nécessaires. Il est à souhaiter qu'un nouveau cyclone ne vienne pas, une seconde fois, anéantir leurs espérances.

———————

Nous terminons ici nos notices sur les entreprises coloniales lyonnaises ; nous le répétons, nous les aurions voulues plus complètes, plus nombreuses surtout, car bon nombre d'exploitations et de sociétés importantes n'auront figuré que par une simple indication, mais nous n'avons pu reproduire que les renseignements qu'avec beaucoup d'efforts nous avons obtenus. Puissions-nous laisser dans l'esprit du lecteur une idée exacte de l'intensité des efforts déployés par les Lyonnais dans l'empire colonial de la France !

Le chapitre suivant sera la suite de celui-ci, en ce sens qu'il nous exposera les efforts de nos compatriotes, non plus dans le domaine purement pratique que nous avons surtout en vue, mais dans le domaine religieux qui, dans certaines colonies, a précédé les conquêtes de nos soldats et les entreprises de nos colons et de nos négociants.

V. P.

LES MISSIONS LYONNAISES

M. Aynard, dressant, il y a quelques années, le superbe inventaire des gloires de notre cité, n'oubliait pas la part extraordinaire qu'elle a prise aux missions religieuses et il l'exprimait excellemment en deux mots : « Lyon a créé la Propagation de la foi et a couvert le monde de missionnaires [1]. » Une œuvre civilisatrice et moralisatrice d'une incomparable grandeur est résumée dans cette simple parole. Que de souvenirs héroïques et touchants elle éveille en tout esprit élevé, si peu familiarisé qu'il soit avec les annales de l'apostolat qui, dans cette circonstance, sont aussi celles de la colonisation.

I. — L'Œuvre de la Propagation de la foi.

Caractéristique manifestation du génie lyonnais « fait de mysticisme et d'activité [2] », l'œuvre nourricière des missions catholiques étrangères a pris naissance dans nos murs, pour ainsi dire spontanément, sans que nul puisse en être appelé l'auteur. A l'em-

---

[1] *Lyon en 1889*, p. vii.
[2] Michelet, *le Banquet*.

contre d'une légende fort répandue, il n'est pas vrai que personne ait le droit de prétendre à l'honneur exclusif de l'avoir fondée.

La vérité est que diverses œuvres s'étaient formées à Lyon, presque simultanément, en vue de secourir quelques-unes des missions d'Amérique et d'Asie. Distincts les uns des autres à leur origine, au point d'ignorer réciproquement leur existence, ces courants, qui tendaient au même but, devaient finir par se rencontrer. Ils se rencontrèrent, mêlèrent leurs eaux, formèrent un fleuve dont l'action bienfaisante s'étendit à l'universalité des terres, et c'est alors, que l'Œuvre de la Propagation de la foi fut constituée.

SES ORIGINES. — Nous allons chercher jusqu'en ces lointains précurseurs les commencements de l'association qui est aujourd'hui le principal foyer de la vie matérielle de l'apostolat.

*
* *

Au commencement de l'année 1816, un missionnaire américain, Mgr Dubourg[1], revenant de Rome, où il avait reçu la charge d'un diocèse[2] embrassant presque toute la moitié méridionale des Etats-Unis, c'est-à-dire six ou huit fois grand comme la France, s'arrêta à Lyon. Préoccupé des immenses besoins de sa mission où tout était à créer, il adressa un émouvant appel à la charité des catholiques. L'accueil sympathique et encourageant qu'il rencontra lui inspira le désir de rendre permanent le courant de générosité provoqué par sa prière. Il proposa de fonder, en faveur de ses œuvres, une société dont les membres verseraient une modique rétribution annuelle (un franc) et seraient tenus au courant du bien réalisé grâce à leurs aumônes par une publication spéciale reproduisant les lettres des missionnaires. Une pieuse et noble

---

[1] Louis-Guillaume-Valentin Dubourg était né à Saint-Domingue le 10 février 1766. Il passa son enfance à Bordeaux, fit ses études à Paris, où il fut ordonné prêtre, retourna en Amérique où sa haute intelligence et son esprit d'initiative ne tardèrent pas à attirer l'attention et lui firent confier les postes les plus honorables et les plus difficiles, à Baltimore, à la Havane, à la Nouvelle-Orléans. Après avoir gouverné une dizaine d'années le diocèse de la Nouvelle-Orléans, il revint en France et fut nommé archevêque de Besançon, où il mourut en 1833.

[2] Le diocèse de la Nouvelle-Orléans comprenait alors la Louisiane, le Mississipi, le Missouri, l'Arkansas, l'Alabama, une grande partie de l'Illinois, enfin la région s'étendant à l'ouest jusqu'à l'océan Pacifique.

Américaine, qui, après l'insurrection de Saint-Domingue où elle
avait perdu son mari et sa fortune (Mme Petit de Meurville), était
venue se fixer à Lyon, se fit la zélée propagatrice des vues de
l'évêque ; mais elle se heurta à des difficultés si nombreuses qu'elle
dut renoncer à tout projet d'organisation durable et se contenter de
recueillir de précaires secours pour les chrétientés louisianaises et
missouriennes adoptées par sa maternelle sollicitude.

Vers la même époque, à Paris, les directeurs du séminaire des
Missions étrangères, rétablis depuis peu dans leur maison de la rue
du Bac, commencèrent à publier des nouvelles de leurs Églises de la
Chine, de l'Indo-Chine et de l'Inde, cherchant à renouveler l'Union
pour la conversion des infidèles, florissante au siècle précédent.
Quelques années se passèrent en essais infructueux, mais ayant du
moins l'avantage de préparer les esprits et d'attirer l'attention sur
les missions lointaines.

Au cours de l'année 1819, un étudiant du séminaire de Saint-
Sulpice, l'abbé Philéas Jaricot, écrivant à sa sœur à Lyon, l'entre-
tint des tentatives faites dans la capitale et l'engagea à examiner si
l'entreprise n'aurait pas quelque chance de succès dans la deuxième
ville de France.

Mlle Pauline-Marie Jaricot [1] recueillit cette inspiration et réussit
à organiser, en quelques mois, une association d'aumônes ayant pour
but d'assurer des ressources régulières au séminaire de la rue du
Bac. Elle fixa à un sou par semaine la rétribution et, pour en faciliter
la perception, divisa les membres par dizaines, centaines et mille,
chacune de ces catégories ayant à sa tête un préposé spécial centra-
lisant entre ses mains les oboles hebdomadaires. L'association
commença humblement et sans bruit, parmi les ouvrières qui hono-
rent de leurs vertus cachées, comme elles soutiennent de leur travail, la riche et populaire industrie lyonnaise. Bientôt, près d'un
millier de membres en firent partie, et leurs annuités additionnées
atteignirent deux mille francs.

*
* *

Cependant, les correspondants lyonnais de Mgr Dubourg, témoins
de ce succès, renaissaient à l'espoir de fonder quelque chose de pareil,

_____

[1] Née à Lyon le 22 juillet 1799, morte le 9 janvier 1862.

quand ils furent visités, au commencement de 1822, par l'abbé Inglesi, son vicaire général.

Par la distinction de ses manières et le charme de ses récits, ce jeune Italien, qui était en Europe depuis plusieurs mois, avait conquis, partout où il était passé, à Rome et dans la haute société parisienne, les plus vives sympathies. On profita de sa présence à Lyon pour convoquer les principaux zélateurs.

Une objection avait été souvent répétée : c'est qu'une œuvre pour les Missions ne pourrait solidement s'établir qu'en se faisant *catholique*, dans le sens étymologique du mot, c'est-à-dire en recueillant des subsides parmi les fidèles des deux mondes. La grandeur même d'un tel dessein l'avait fait paraître inexécutable. Au cours de la réunion, l'idée fut examinée et discutée ; elle rallia tous les suffrages.

D'un accord unanime, les personnes présentes [1] votèrent la proposition d'établir, en faveur de l'apostolat, une société universelle quant à ses moyens et à son but, tous les pays étant appelés à secourir et toutes les missions admises à être secourues. On désigna un président et une commission de trois membres chargés de préparer un projet d'organisation. Ce fut alors, par l'adoption du principe d'universalité qui distinguait l'entreprise nouvelle des tentatives antérieures, ce fut ce jour-là, 3 mai 1822, que l'Œuvre de la Propagation de la Foi fut vraiment fondée.

Peu de jours après, un des membres du conseil de Lyon alla provoquer la charité toujours ardente des villes du Midi. Des comités diocésains se formèrent à Avignon, à Aix, à Marseille, à Nîmes, à Montpellier, à Grenoble. Bientôt après, un des fondateurs se rendait à Paris et, par ses soins, un autre Conseil central y était fondé [2].

---

[1] MM. Victor de Verna, Benoît Coste, comte d'Herculais, de Villiers, Magneunin, Didier Petit de Meurville, Auguste Bonnet, Antoine Perisse, Terret, Girodon et l'abbé Cholleton.

[2] Les Conseils centraux se recrutent eux-mêmes. Ils se composent d'hommes éminents par la position sociale, l'expérience des affaires, le talent, la piété ; leurs fonctions sont absolument gratuites. Les deux Conseils centraux centralisent les offrandes et, d'un commun accord, après examen comparatif approfondi des demandes adressées par les chefs des Missions, ils les distribuent en s'inspirant toujours de la plus rigoureuse impartialité. Ils ménagent avec la plus scrupuleuse économie et le plus noble désintéressement les ressources de l'apostolat catholique. Les comptes rendus publiés annuellement permettent à chacun de contrôler leur administration. Grâce à cette publicité, la Propagation de la Foi n'a jamais éveillé les susceptibi-

La Belgique et la Suisse, les divers Etats de l'Allemagne
et de l'Italie, la Grande-Bretagne, l'Espagne et le Portugal
vinrent successivement s'engager dans la croisade de l'au-
mône apostolique. Les papes Grégoire XVI et Léon XIII, par leurs
encycliques de 1840 et de 1882, en recommandant à toutes les
Églises du monde l'Association de la Propagation de la Foi, l'ont
mise au rang des institutions communes de la chrétienté.

*
* *

L'Œuvre de la Propagation de la Foi ainsi fondée ne fit que
grandir. On comprit bien vite son but élevé, et les œuvres particu-
laristes et locales ne tardèrent pas à fusionner avec elle. Mᶩᶩᵉ Jaricot
fut des premières à donner son adhésion. Après quelques explications, elle comprit que la fondation nouvelle réalisait son idéal en
l'agrandissant sous le triple rapport du but, des moyens et des
chances de réussite ; sa petite cohorte vint grossir les rangs de la
légion déjà imposante enrôlée sous la bannière de la Propagation
de la Foi.

En 1838, dix-sept ans après la fondation, les recettes annuelles
atteignirent pour la première fois et dépassèrent même notable-
ment un million de francs. Deux ans plus tard, on eut la joie d'en-
caisser plus de deux millions. Depuis lors, les recettes n'ont fait que
s'accroître, jusqu'en 1890, où elles dépassèrent sept millions.

Comme ces milliards de gouttes d'eau qui, déposées par la pluie
au flanc des collines, pénètrent lentement le sol et en rejaillissent
en sources mères de grands fleuves, les millions de sous déposés
chaque semaine dans la caisse de l'Œuvre ont formé, en soixante-
dix-huit ans, un budget total de 320 millions de francs. La France a
contribué à cette liste civile de l'apostolat pour *deux tiers :* proportion énorme et pourtant strictement équitable puisque c'est parmi les
enfants de la France que se recrutent les *deux tiers* de l'armée
sacerdotale[1] chargée d'étendre la religion catholique jusqu'aux
extrémités du monde.

lités de personne, ni des pouvoirs publics, ni des gouvernements étrangers, ni des
missionnaires, ni des fidèles.

[1] En 1894, M. Louvet *(les Missions catholiques au xixᵉ siècle)* estimait à 70.114 le
nombre des ouvriers apostoliques de toutes nationalités répandus dans les cinq parties
du monde non catholique : 13.314 prêtres, 4.500 frères, 42.300 sœurs européennes,
10.000 religieuses indigènes. Dans son discours du 29 novembre 1898 au Congrès

Ses publications. — Dans notre siècle de publicité à outrance, une société ne se conçoit pas sans un organe apportant à ses membres, à intervalles plus ou moins rapprochés, des nouvelles de tout ce qu'une commune sympathie leur rend intéressant.

La Propagation de la Foi ne pouvait échapper à cette loi ; dès son origine elle fit imprimer à Lyon des *Annales* qui devinrent rapidement populaires et célèbres.

Les Annales. — Qui n'a eu entre les mains le petit cahier à couverture bleue, timbrée d'un globe terrestre surmonté de la croix rayonnante ? Ce livre d'or de l'apostolat est, sinon le doyen d'âge des périodiques français, du moins celui dont le tirage atteint le plus gros chiffre [1] et dont la notoriété s'étend aux plus lointains pays.

Des missionnaires de toutes les nationalités, de toutes les langues, de tous les ordres religieux, ont apporté leur concours à cette collection, unique au monde par le nombre et la qualité de ses collaborateurs, l'infinie variété de ses articles, ses trois millions de lecteurs.

C'est aux *Annales de la Propagation de la Foi* que l'abbé Lavigerie adressait la première lettre qu'il ait écrite comme missionnaire, lorsqu'il commença, par une mission au Liban, cette carrière d'apôtre à laquelle aucune gloire ne devait manquer. Ce sont les *Annales* qui ont eu la primeur des études sur la haute Éthiopie d'un grand voyageur italien qui cachait sous le capuchon de saint François son front de penseur et de savant, Guillaume Massaja, enseveli comme notre Lavigerie dans la pourpre cardinalice. C'est pour les *Annales* que le P. Bataillon, à peine débarqué aux antipodes du méridien de Paris, en 1837, rédigeait le bulletin de sa prise de possession des iles Wallis. C'est aux *Annales* que le P. Borghero rendait compte de son entrée à Abomey en décembre 1861, trente ans avant le général Dodds. C'est dans les *Annales*

---

notional de Paris, Mᵍʳ Le Roy faisait justement remarquer que les deux tiers de ces prêtres et les quatre cinquièmes de ces frères et de ces sœurs sont français.

[1] Les *Annales* sont tirées actuellement tous les deux mois à 284.310 exemplaires, savoir : français, 175.000 ; bretons, 6485 ; anglais, 11.500 ; allemands, 33,500 ; espagnols, 21 000 ; flamands, 6725 ; italiens, 20.500 ; maltais, 2500 ; portugais, 1500 ; hollandais, 2800 ; basques, 750 ; polonais, 2050. L'extension de l'Œuvre nécessite quelquefois plusieurs éditions dans la même langue, soit à cause de la distance des lieux, soit par suite de l'élévation des droits de douane ou autres motifs graves. C'est ainsi que, parmi les éditions des *Annales*, il s'en trouve trois en allemand, deux en anglais.

qu'ont été insérées les premières communications envoyées du
Cercle polaire arctique par le P. Petitot, du fond de la Tartarie par
M. Huc, de la Chine occidentale par M. Armand David, du Thibet
par M. Desgodins; du Mysore, il y a soixante-dix ans, par le
P. Jarrige, le Nestor de l'apostolat du monde entier, mort presque
centenaire en 1889, après trois quarts de siècle de séjour aux Indes,
sans avoir jamais revu, mais sans avoir jamais oublié ses montagnes natales de l'Auvergne, etc.

Les Missions catholiques. — Depuis trente-deux ans, à côté des
Annales, on a consacré au service des missions la publicité d'un
Bulletin hebdomadaire illustré, *les Missions catholiques*, où sont
insérées les correspondances ne trouvant pas place à cause de leur
caractère scientifique ou par les nécessités de l'actualité, dans la
Revue traditionnelle de l'Œuvre. Ce Bulletin a conquis depuis
longtemps et occupe un rang distingué dans la presse par les nouvelles qu'il donne et l'intérêt des études qu'il offre à ses lecteurs[1].

C'est dans *les Missions* que le P. Jullien a fait paraître ses Voyages
en Egypte, en Arabie et en Syrie; le P. Delattre, le résultat de ses
fouilles archéologiques dans le sous-sol de la cité d'Annibal;
Mgr Hacquard, ses lettres de Tombouctou; le P. Duparquet, le
récit de ses excursions dans le Damaraland; Mgr Augouard, ses
dramatiques odyssées parmi les anthropophages de l'Oubanghi;
Mgr Vérius, ses découvertes dans la Nouvelle-Guinée; le P. Roblet,
sa première carte de l'Imerina; Mgr Laouënan, le P. Montiton et le
P. Baudin, leurs études sur le brahmanisme hindou, la cosmogonie
canaque et le fétichisme africain; le P. Petitot, ses reconnaissances
au pays des Esquimaux; les PP. Sauzeau et Cognet, leur géographie et leur histoire maories; Mgr Le Roy, le merveilleux ensemble
de ses explorations au Zanguebar et au Gabon; le P. Girod, ses
souvenirs du haut Tonkin; les PP. Hartzer et Guis, leurs récits
papous; M. Coulbeaux, sa traversée de l'Abyssinie; le P. Savinien,
ses esquisses du Far-West américain; Mgr Fallize, ses impressions
de Norvège, etc.

La réunion des nombreuses cartes disséminées dans les trente et
un volumes de la collection, formerait un atlas à peu de chose
près universel.

---

[1] *Les Missions catholiques* ont sept éditions étrangères : italienne (Milan); alle-
mande (Fribourg en Brisgau); hollandaise (Bois-le-Duc); espagnole (Barcelone);
anglaise (Londres); polonaise (Cracovie); hongroise (Nagy-Varad).

Son musée. — Il y a plus d'un demi-siècle que l'Œuvre de la Propagation de la Foi a commencé à recevoir de ses correspondants des curiosités, dont l'ensemble forme un musée unique au monde. Ce musée, signalé dans les *Guides Bædeker* et *Joanne* parmi les « lyonnaiseries » qu'un touriste consciencieux ne peut se dispenser de visiter, attire, chaque été, au numéro 12 de la rue Sala, un grand nombre d'étrangers.

*
* *

M. Aynard parlait à la lettre en disant que Lyon avait couvert le monde de missionnaires. Nous avons patiemment feuilleté les catalogues et les nécrologes religieux, les listes de missionnaires vivants ou défunts, afin de connaître la part occupée par les Lyonnais dans les rangs de l'armée apostolique; or (nous l'avons constaté avec joie et avec fierté) il n'est pas de mission au monde qui n'ait eu, ou n'ait encore à son service, quelque prêtre enfant de notre région. Allez en Orient, dans l'Asie Mineure, en Syrie, dans la Perse, dans l'Inde, dans l'Indo-Chine, au Thibet; parcourez les dix-huit provinces du Céleste-Empire, poussez jusqu'en Corée, jusqu'au fond de la Mandchourie, jusqu'au nord du Japon; passez en Amérique, descendez du Canada aux Etats-Unis, suivez les revers abrupts des Montagnes Rocheuses ou des Andes peuplés d'Indiens sauvages; abordez l'un après l'autre les archipels océaniens; enfin, faites le tour du grand continent africain et traversez-le de part en part; sur votre chemin, partout vous rencontrerez la trace de quelque missionnaire lyonnais.

Dans cette majestueuse procession d'apôtres partis des rives du Rhône pour aller semer sous tous les vents du ciel la parole chrétienne, quelques figures, choisies parmi les plus imposantes, nous arrêteront un instant. Dans tout groupe, certains hommes laissant deviner des qualités supérieures, une personnalité plus puissante, attirent et captivent davantage.

Pierre Retord est de ceux-là ! Il fut pendant vingt ans (1839-1858) le chef du Tonkin catholique, que tentait de broyer la main impitoyable de Minh-Mang, de Thieu-Tri, de Tu-Duc. Il résista avec une habileté qu'égala seul son indomptable courage. Les païens le saluaient du nom de roi de la religion ; les fidèles de France qui lurent ses lettres l'appelèrent le grand évêque. Il mourut de misère, proscrit et fugitif, dans les insalubres montagnes d'Annam, pendant que le drapeau de France flottait à Tourane et se promenait victorieux sur les mers de Chine. Parmi les victimes que la persécution fit à ses côtés, un jeune missionnaire lyonnais, Jean-Louis Bonnard, eut les honneurs d'une oraison funèbre inattendue ; c'est à lui que Victor Hugo dédia sa pièce de vers fameuse : *A un martyr* [1].

A l'heure où Pierre Retord prenait en main le gouvernement des Eglises d'Annam, un autre grand évêque, comme lui lyonnais de naissance, achevait une carrière des plus mouvementées ; Jean-Louis Taberd fut pour la Cochinchine ce que Pierre Retord fut pour le Tonkin : le rempart de la foi durant les jours mauvais.

A cette époque héroïque, dans le centre de l'Inde et dans le nord de la Chine, ce sont encore des Lyonnais qui président à la renaissance des missions : Clément Bonnand à Pondichéry et Vincent Daguin en Mongolie.

En Algérie, le nom de Mgr Pavy rappelle vingt années d'un pontificat glorieux et fécond, coïncidant avec la période d'organisation définitive de notre belle colonie africaine.

Au commencement de ce siècle, la jeune Amérique recruta dans nos murs de nombreux missionnaires. Après le passage à Lyon de Mgr Dubourg, beaucoup de nos compatriotes franchirent l'Atlantique et allèrent desservir les paroisses immenses de la Louisiane et du Texas ; les sièges épiscopaux de la Nouvelle-Orléans et de Galveston furent, durant quarante ans, occupés par des Lyonnais.

Deux régions ont eu le privilège d'attirer de préférence le courant migrateur des apôtres originaires du diocèse primatial des Gaules : l'Afrique occidentale et l'Océanie centrale. C'est que Lyon possède les maisons mères de deux familles religieuses exclusivement vouées à l'évangélisation de ces deux derniers repaires du paganisme et de la barbarie.

II. — Les Missions Africaines de Lyon.

A la fin de l'année 1855, un missionnaire languedocien [2], Mgr de Marion-Brésillac, ancien évêque du Coïmbatour dans l'Inde anglaise, parcourant une carte de l'Afrique, se sentit ému à la vue de ses

---

[1] *Châtiments*, ode VIII.
[2] Mgr Marion de Brésillac était né à Carcassonne.

peuplades innombrables, privées de secours religieux. Les relations des voyageurs, les renseignements obtenus des officiers de marine et des négociants en rapport avec les côtes de Guinée, s'accordaient à faire de ces contrées une peinture pleine de tristesse et d'horreur. Il se rendit à Rome et obtint l'autorisation de fonder à Lyon un séminaire spécial pour leur évangélisation. Son patrimoine et quelques dons lui permirent d'acheter une maison sur la colline des Martyrs. En novembre 1856, se trouva ainsi créée une pépinière de recrues apostoliques à qui il imposa pour devise la prophétique parole d'Isaïe : *Mittam ex eis in Africam!* et le 27 avril 1857, la Propagande lui donnait juridiction sur les territoires de Sierra-Léone et de Libéria. Lui-même partit à la tête de l'avant-garde, mais ils ne débarquèrent à Free-town que pour succomber *tous* à une épouvantable épidémie de fièvre jaune (juin 1859).

La mort du fondateur n'entraîna pas la ruine de l'œuvre ; une main jeune, énergique, releva la bannière de la société naissante et reprit, en lui donnant une extension énorme, la tâche interrompue. Aujourd'hui les membres de la Société des Missions Africaines de Lyon, installée, cours Gambetta, 150, dans un vaste immeuble, évangélisent le Haut-Niger, le Bénin, le Dahomey, la Côte d'Or, la Côte d'Ivoire ; ils ont même, en ces dernières années, ajouté à leur domaine le Delta égyptien. Ils parcourent en tous sens les barbares régions de l'Afrique occidentale, fraternisant avec toutes les familles de peuples qui boivent les eaux de la Bénoué et du Niger, de l'Ogoun et de l'Okpara, du Volta et du Cavally, prenant et gardant entre leurs mains, la main meurtrière du Dahoméen jusqu'à ce qu'ils lui aient inspiré l'horreur du sang. Leurs noms (Dorgère, Chausse, Zappa, Rousselet, Pied, Chautard, Poirier, Terrien, Baudin, Courdioux, Borghero, etc.) évoquent le souvenir de travaux dont la patrie française et la science ont également bénéficié.

Est-il besoin de rappeler que les correspondances du P. Borghero publiées par les Annales de la Propagation de la Foi [1], furent longtemps la source unique où puisèrent les publicistes qui, en France, en Italie, en Angleterre, entreprirent de parler du Dahomey ? Dieu a rappelé à lui le vénérable religieux en 1892, juste au moment où « le pays des sacrifices humains » était conquis par nos

---

[1] Tomes XXXIII à XXXVII et t. XXXIX.

armes. Dès la fin de l'année 1861, le P. Borghero faisait le voyage
d'Abomey, séjournait plusieurs semaines dans la sinistre capitale,
obtenait une audience de Gréré, père de Behanzin ; mais il consta-
tait l'impossibilité absolue de fonder un foyer de civilisation chrétienne dans l'abominable cité. C'est aux canons du général Dodds
qu'était réservé l'honneur de mener à bien, trente ans plus tard,
l'œuvre de régénération ambitionnée par le missionnaire. Est-il
besoin de rappeler dans quelles circonstances le regretté P. Dorgère
gagna sa croix de la Légion d'honneur? Spectacle renouvelé des
âges antiques où Louis IX et Louis XIII choisissaient pour plénipo-
tentiaires des Carmes et des Franciscains, on vit en 1890 la République française députer un prêtre comme ambassadeur auprès du
roi Behanzin.

III. — Les Maristes de Lyon.

La Congrégation des Maristes a également rendu à la France
coloniale des services signalés.

Leur Institut était à peine fondé (1836) par le P. Colin [1], qu'il
envoyait des missionnaires aux archipels de l'Océanie centrale. En
1837, le Lyonnais Pierre Bataillon abordait aux îles Wallis, aujour-
d'hui françaises, et françaises grâce à lui on peut le dire.

En 1843, Guillaume Douarre fondait la mission de la Nouvelle-
Calédonie, et, dix ans après, ses missionnaires prenaient à l'annexion
de cet archipel à notre domaine colonial une part que l'on a peut-
être oubliée [2].

Leur patriotisme ne s'est jamais démenti. Aux Nouvelles-Hébrides,
où trois des leurs furent tués et mangés en 1853 ; aux îles Salomon
où quatre autres de leurs frères furent victimes de la voracité des
indigènes ; aux Fidji, à Samoa, en Nouvelle-Zélande, en un mot
sur toutes les terres des antipodes, les Maristes lyonnais font non
seulement connaître Jésus-Christ, mais par surcroît germer l'amour
de la France.

---

[1] Né le 7 août 1790 à Saint-Bonnet-le-Troncy (haut Beaujolais), mort le 15 novem.
bre 1875 à la Neylière (Rhône).

[2] Voir dans le tome XII du *Bulletin de la Société de géographie de Lyon*, p. 541 et
542, notre Conférence sur *l'Œuvre géographique des missionnaires catholiques à
l'Exposition universelle de Lyon*.

*
* *

Voilà ce que la ville des martyrs Pothin, Irénée, Blandine, a fait
pour la diffusion des idées de progrès, de moralisation, de civilisation chrétiennes ! Sa maternité féconde a couvert le monde de missionnaires. Sa piété intelligente a donné naissance à la Propagation
del a Foi, c'est-à-dire à la plus puissante institution humaine qui ait
été mise au service de l'idée religieuse depuis les croisades. Grâce
à cette œuvre, les missions étrangères se sont partout reconstituées.
Successivement l'Amérique, l'Asie, l'Océanie, l'Afrique ont reçu
des légions d'apôtres. Ces apôtres, la plupart français, ont trouvé
moyen de gagner à notre patrie une clientèle nombreuse et dévouée,
qui, sans eux, n'aurait jamais connu la France, ou du moins ne
l'aurait pas connue dans la manifestation la plus pure de son désintéressement, de son intelligence et de sa bonté.

Lyon a certes d'autres raisons de s'enorgueillir : deuxième ville
de France ; métropole de l'industrie des soieries ; centre d'échanges
considérable ; patrie d'hommes illustres ; foyer des lettres, des sciences et des arts, etc. Mais c'est surtout comme siège de la Propagation de la Foi et pépinière d'hommes apostoliques, que notre ville
est connue en dehors du cercle du monde civilisé et commercial,
par delà la grande muraille de la Chine, sur le bord des lacs équa-
toriaux africains, dans les forêts de l'Amazonie et jusqu'au sein
des blanches sporades polynésiennes.

                                        VALÉRIEN GROFFIER.

L'ENSEIGNEMENT COLONIAL

I. — Nécessité d'un enseignement colonial

Nous avons des colonies; il y en a d'excellentes; nous commençons à nous y intéresser, chose capitale en France et nous venons de démontrer que les Lyonnais sont ardents à les exploiter ; l'administration s'y améliore, les affaires y naissent, les richesses s'y découvrent, les capitaux s'y portent. Que faut-il encore?

La chose la plus commune et la plus rare : des hommes.

Non pas que nos colonies soient dépourvues de colons. Elles en comptent déjà beaucoup de bons et même de très bons, et le nombre des Français quittant la mère patrie pour s'y installer va chaque année en augmentant. Cela est d'un excellent augure. Oui, il y a aujourd'hui un courant d'émigration pour les colonies bien accentué ; il ne peut que progresser ; mais c'est surtout la colonisation agricole, dans les quelques colonies susceptibles de faire vivre une population blanche permanente, que ce courant tend à alimenter, et je n'envisage pas ici ce point de vue de l'émigration.

C'est en négociant que je pense et en homme d'affaires que je parle.

Je considère dans la colonisation le côté commercial et industriel, lequel intéresse le plus Lyon.

A ce point de vue surtout, le besoin de sujets se fait sentir, et encore en cela, ce n'est pas de la quantité qu'il faut se préoccuper car nous l'avons, elle vient à nous de plus en plus chaque jour; c'est de la qualité.

Pour les affaires qui se créent dans nos colonies comme dans tous les pays nouveaux, il faut d'excellents éléments de direction.

Or il nous manque absolument cette élite d'hommes de commerce.

Il nous faut des sujets ayant non seulement le goût, mais la pratique des affaires coloniales.

Remarquons que dans les vastes champs d'expansion qui nous sont ouverts en Chine, comme en Indo-Chine et à Madagascar, nous nous trouvons en face de populations ayant déjà une civilisation propre et un commerce établi. D'autre part, il nous reste des richesses immenses, inconnues, encore à découvrir, à mettre en valeur, un commerce international et des industries à créer.

Pour cela, il faut que les agents préposés à la direction de comptoirs si éloignés de nous puissent se suffire à eux-mêmes, et que, par leurs connaissances acquises, appuyées sur un jugement déjà formé, ils soient en mesure de faire face à des affaires de tous genres, sous la forme et au moment même où elles se présentent.

Ils doivent donc posséder d'abord en théorie toutes les notions générales qui permettent d'apprécier et de traiter les choses courantes de la vie des affaires.

Plus que dans la mère patrie encore, ce sont de jeunes hommes d'élite qu'il faut. Voilà une vérité qu'on n'a point assez aperçue jusqu'ici, mais que la pratique et l'expérience nous indiquent.

Jusqu'ici, aller vivre et travailler aux colonies a paru être une dernière ressource de la vie et un pis aller. Eh bien, non ! Ce sont des hommes de grande valeur qu'il faut, et qui, par contre, pourront plus aisément qu'ailleurs acquérir la fortune. Et quand le public sera bien convaincu de cette grande vérité, nous verrons venir à nous les fils de famille ; et si, comme le dit M. Mézières, ils restent indolents, le devoir de ceux qui ont la charge de l'avenir du pays est de préparer la place pour ceux qui ont été moins favorisés par leur naissance et qui ne demandent et ne cherchent qu'à payer de leur personne pour se créer une carrière.

Dès aujourd'hui, ces hommes formés et de valeur, nous les cherchons, mais en l'état actuel des idées et des choses, nous ne les trouvons pas.

Et cependant, je le répète, ils sont devenus indispensables ; sans eux, les bonnes volontés créatrices, malgré les capitaux dont elles ont l'emploi, ne pourront jamais faire qu'œuvre imparfaite, souvent stérile.

Comment pourrons-nous nous les procurer ? En les formant, et il suffira pour cela de donner un objectif précis et des moyens suffisants aux jeunes gens qui viennent en foule, maintenant, nous offrir leur intelligence et leur bonne volonté, de la façon la plus simple et la plus inconsciente.

Il faut qu'à cette proposition de chaque jour, devenue lassante : « Monsieur, je cherche une situation, je n'en trouve guère. Je suis bachelier (et quelquefois même licencié), on m'a parlé des colonies, je voudrais partir pour les colonies ; n'importe laquelle ; quand, où et comme il vous plaira, et pour y faire ce que vous voudrez. » Ce qui est trop et pas assez à la fois ; il faut qu'à ces solliciteurs, dont un bon nombre sont des plus intéressants et des plus méritants, nous puissions répondre :

« Oui, vous pouvez trouver situation aux colonies ; mais avant, il est utile que vous sachiez ce que sont les colonies ; il est nécessaire que vous vous spécialisiez à l'une d'entre elles, et que vous appreniez bien ce que vous aurez à y faire. »

Nous nous en trouverons mieux les uns et les autres.

Il y a deux moyens de former, d'instruire des jeunes hommes : la vie ou l'expérience pratique, l'école ou l'enseignement de connaissances appropriées.

Voyons, si vous le voulez bien, l'efficacité de l'un et de l'autre moyen au point de vue colonial.

Allons-nous mettre tout de suite notre bon jeune homme aux prises avec les nécessités et les difficultés de la vie coloniale ?

Allons-nous tout de suite employer ses facultés un peu frustes, inadaptées pour ainsi dire ?

Allons-nous sur-le-champ le lancer dans le milieu, dans les fonctions que nous lui destinons, comptant qu'il y fera lui-même son expérience ?

C'est l'expédient auquel nous sommes forcés aujourd'hui d'avoir recours.

Il donne, je l'avoue avec tristesse, bien des mécomptes, et il ne peut produire, en l'état actuel des choses, que de mauvais résultats.

Nous ne devons donc pas continuer ainsi. L'Administration, nous

l'avons vu, s'est en très peu de temps très sérieusement amendée.
Elle nomme maintenant des fonctionnaires qu'elle forme en
grande partie dans une école spéciale et qui sont absolument
dignes des colonies où ils sont envoyés. Nous devons, nous aussi,
hommes d'affaires, industriels, capitalistes, négociants, suivre la
même voie, disposer d'agents qui fassent honneur aux affaires
que nous leur confierons, et les former, comme le fait l'Administration pour les siens, dans la Métropole même.

Si l'on objecte que les Anglais obtiennent d'excellents agents,
par la simple pratique des affaires, je répondrai :

C'est que, outre de multiples considérations, telles que l'absence
du service militaire, l'organisation et l'esprit si simple de leur enseignement secondaire, on ne se rend pas compte de la supériorité
qu'ils retirent de leur avance sur nous et de leurs mœurs familiales.

Les Anglais n'ont pas besoin d'école ; leur meilleure école c'est la
famille, répandue, distribuée déjà sur le globe ; c'est la tradition,
et l'atavisme.

L'avance des Anglais sur nous, ce sont encore leurs colonies
mêmes, cultivées, préparées depuis deux et trois siècles, toutes faites
aujourd'hui, entièrement organisées, dont les ressources, les
richesses sont parfaitement connues, et pour lesquelles les fortunes
qui s'y sont déjà gagnées sont la meilleure des réclames. Il ne
s'agit plus alors, pour eux, que de continuer et de développer ce
qui existe déjà : les hommes qu'ils emploient ont d'avance une
place fixée et une tâche bien déterminée à remplir.

Je connais des familles anglaises et je me les représente à l'esprit
en ce moment. Dans l'une d'elles, les deuxième, quatrième et cinquième fils ont leur destinée déterminée d'avance : l'un partira pour
le Cap, afin d'y rejoindre un oncle qui l'a demandé ; un autre pour la
Chine, afin d'y retrouver un frère aîné qui a déjà une carrière brillante ;
le dernier, neuf ans à peine, décidé par l'exemple de ses frères, veut
être marin, pour aller constamment, dit-il, voir les siens au loin.
Ces trois enfants sont élevés et dirigés par leurs parents, par leur
mère, dans cette idée, et bien jeunes encore ils sont prêts à partir.

Dans ces conditions, je le reconnais, il n'y a pas d'enseignement plus complet, plus parfait, plus efficace que ce séjour immé-
diat aux colonies, car rien n'est mieux que l'air ambiant des affaires.

Évidemment nous ne pouvons pas encore nous flatter d'être
dans ces bonnes conditions. Mais, à part l'éducation première,

l'éducation familiale, moins favorable chez nous, à part notre préparation physique moins grande, il ne faut pas exagérer l'avance
qu'ont sur nous nos rivaux anglais, et leur accorder une supériorité
invincible. Car, nous avons, par contre, des qualités morales qu'ils
n'ont pas, une culture de l'esprit, une ingéniosité, une initiative,
un élan, une souplesse de pensée, une spontanéité de décision,
une faculté d'affinité avec l'indigène qu'ils n'ont pas ; et quand
nous aurons ajouté à ces mérites incontestables l'enseignement,
la préparation spéciale que je préconise, nul doute que nous
n'ayons bientôt des chefs d'entreprises au moins égaux aux
leurs ; et alors, dans vingt ans encore, quarante peut-être, après
deux générations, la France sera plus grande, car elle aura à son
tour des traditions qui seront les meilleurs instruments de son
expansion économique.

Mais aujourd'hui tout est à faire pour nous. Nos colonies
sont neuves ; elles sont en pleine organisation, leurs ressources ne
sont connues que pour partie. Les entreprises qui seules pourront
les révéler se forment à l'heure actuelle ou ne sont encore qu'en
projet, nous créons à peine les affaires et l'outillage qui doivent
nous permettre de marcher en avant.

Nous ne pouvons donc pas compter sur ces affaires pour nous
former un personnel, puisque, au contraire, nous avons besoin d'un
personnel pour les fonder.

S'il en est ainsi, je ne vois plus qu'un moyen pour résoudre le
problème qui se pose et que j'appellerais volontiers le problème de
la main-d'œuvre commerciale aux colonies. C'est l'enseignement
dans la Métropole, un enseignement qui puisse, dans le minimum
de temps, constituer une phalange d'agents suffisamment instruits et
préparés pour être bons à employer dès demain aux colonies, et y
devenir bientôt des directeurs ou des créateurs d'affaires.

Car étant donné l'évolution rapide des pays neufs, les créations
à faire se multiplient sans cesse ; il faut être toujours prêt à marcher en avant. C'est donc un état-major à former, une pépinière de
chefs qu'il faut préparer au plus vite.

Ce besoin, d'ailleurs, a été compris, notamment à Lyon, puisque
nous allons faire précéder les développements que nous voulons
donner à notre sujet, de deux notes, nous montrant ce qu'ont fait,
dans cet ordre d'idées, soit la Faculté de droit, soit surtout notre
Chambre de commerce.

II. — Le cours de législation et d'économie coloniales

PROFESSÉ A LA FACULTÉ DE DROIT DE L'UNIVERSITÉ DE LYON.

Un cours de législation coloniale a été institué dans la Faculté de droit de Lyon, par application du décret du 31 juillet 1891, dès le commencement de l'année scolaire 1891-1892, et ce cours a été ouvert, comme cours semestriel à option, pour les élèves qui entraient alors en troisième année (aspirants à la licence).

M. Paul Rougier, professeur d'économie politique, fut, par arrêté ministériel, chargé du nouvel enseignement, et son mandat a été, depuis 1891, renouvelé chaque année.

Pendant l'année 1891-1892, 9 élèves seulement, sur 60, optèrent pour la législation coloniale. Mais la progression fut rapide. Il y eut en 1892-1893, 16 options sur 62 ; en 1893-1894, 31 options sur 50 ; en 1894-1895, 41 options sur 55.

La création, grâce à une subvention de la Société d'économie politique et d'économie sociale de Lyon, d'un concours particulier entre les auditeurs du cours de législation coloniale, a eu certainement une influence sur ce développement. — Voici la liste des sujets mis au concours de 1893 à 1895 :

1893 : Le régime douanier des colonies (quatre mémoires déposés).

1894 : Des compagnies de colonisation (dix mémoires déposés).

1895 : Des colonies de plantation (neuf mémoires déposés).

Le professeur, M. Rougier, a publié en 1894 un résumé de son cours, sous le titre de *Précis de législation et économie coloniales*. Réunir les principes essentiels de la législation coloniale, étudier non seulement les colonies mais encore les protectorats, se placer pour cette étude au triple point de vue historique juridique et économique, c'était une tâche malaisée à remplir et devant laquelle beaucoup d'auteurs auraient reculé. Les textes sont si nombreux et si divers, qu'ils exposent au double danger d'entrer dans trop de détails, ou de présenter des généralisations peu exactes. On s'est accordé à reconnaître que M. Rougier a triomphé des difficultés, qu'il s'est montré bien familiarisé avec toutes les questions coloniales, et qu'il a émis bon nombres d'heureuses idées personnelles.

Depuis 1895, en vertu du décret du 30 avril sur la réorganisation des études juridiques, le cours de législation coloniale ne s'adresse plus aux aspirants de la licence. Il est devenu cours à option pour les aspirants au doctorat ès sciences politiques et économiques. Il a continué à être professé par M. Rougier.

Le nombre des auditeurs a naturellement subi une forte diminution.

Le concours, subventionné par la Société d'économie politique de Lyon, a été maintenu et a donné les résultats suivants.

1896 : De la propriété foncière en Tunisie et en Algérie (cinq mémoires déposés).

1897 : Le gouvernement de l'Algérie (deux mémoires déposés).

1898 : Organisation administrative des colonies (un mémoire déposé).

1899 : Le budget colonial (deux mémoires déposés).

Si, comme il est présentement permis de l'espérer, un nouveau type de doctorat est créé ayant pour objet l'ensemble des sciences économiques, l'étude de la législation et de l'économie coloniales, actuellement facultative puisqu'elle donne seulement lieu à une option, deviendra obligatoire, et une chaire spéciale, distincte des autres chaires magistrales, lui sera certainement consacrée.

Il conviendra alors de rechercher si les privilèges accordés aux élèves brevetés de l'Ecole coloniale de Paris doivent être maintenus, s'il n'est pas excessif, notamment, de leur reconnaître un droit aux trois quarts des vacances qui se produisent dans les emplois administratifs. Pour chaque groupe de colonies, des études particulières s'imposent. Les aptitudes requises pour l'extrême Orient ne sont pas les mêmes que pour les colonies d'Afrique ou d'Amérique. Chaque université, avec le concours des grandes institutions qui l'avoisinent, et notamment des Chambres de commerce, formera des hommes dotés de compétences spéciales.

E. CAILLEMER,
Doyen de la Faculté de droit.

III. — Les cours coloniaux de la Chambre de commerce

Ainsi qu'il a été dit au chapitre de la *Colonisation lyonnaise avant 1900*, la Chambre de commerce de Lyon, toujours inquiète de ce qui peut accroître la prospérité de la région dont les intérêts sont confiés à sa vigilance, et pénétrée de la nécessité de l'enseignement colonial, a créé au Palais du Commerce, à partir de la rentrée scolaire de 1899, les cours coloniaux que nous rappelons ici :

Cours d'histoire et de géographie coloniales (trois leçons par semaine) ;

Cours d'hygiène et de climatologie coloniales (une leçon par quinzaine) ;

Cours de productions et de cultures coloniales (une leçon par quinzaine) ;

Cours supérieur d'anglais (deux leçons par semaine) ;

Cours de chinois, comprenant : une leçon par semaine (au Palais du Commerce) de coutumes et de législation chinoises ; deux leçons par semaine (Faculté des lettres) de langue chinoise proprement dite.

Tous ces cours sont publics, mais les élèves inscrits, assujettis à l'assiduité et à la rédaction de notes, peuvent recevoir un certificat de fin d'études, attestation des connaissances qu'ils ont dû acquérir.

La Chambre de commerce de Lyon n'a pas entendu faire œuvre définitive, elle s'est proposé de tenter en quelque sorte une expérience, en créant ces cours qui présentent le très grand avantage de ne pas exiger des aspirants colons une préparation trop longue et de ne pas les sortir complètement du milieu de la vie courante et pratique, qui est une des meilleures préparations pour la vie coloniale.

L'idée d'une véritable école coloniale, comportant un enseignement complet, avait d'abord été étudiée, mais la Chambre l'a écartée, au moins momentanément ; en effet, elle a pensé, en suite d'un rapport que lui présentait M. Vindry dans sa séance du 31 août 1899, qu'en obligeant le jeune homme à rester à la charge de sa famille pour suivre un programme comportant une durée de deux années, on eût risqué de décourager et d'enrayer les vocations coloniales. Au bout de ces deux années, le futur colon eût été encore obligé le plus souvent de faire, avant son départ, un stage pratique pour connaître, en détail, le commerce et ses usages. Au contraire, après un an d'assiduité aux cours et de travail au magasin et à l'usine, le jeune homme de vingt-trois ans environ pourra partir aux colonies, muni de connaissances théoriques et pratiques suffisantes, et se préparer à utiliser ses études et ses efforts.

D'ailleurs, ainsi que le disait, dans une circonstance récente,

M. Aug. Isaac, président de la Chambre de commerce, « nous ne
« sommes pas en présence de problèmes nouveaux, nous avons
« derrière nous des siècles de colonisation ; il y a des hommes qui
« sont allés exercer aux colonies des professions qu'ils pratiquaient
« déjà chez eux, ils se sont contentés de prendre des informations
« complémentaires dans des livres ou auprès de personnes expéri-
« mentées. Il en est de même pour les autres branches de l'ensei-
« gnement, telles que les langues, la géographie, etc.

« Quelque avantage que pourait offrir un enseignement colonial
« spécial, le principal inconvénient résiderait dans ce fait que les
« jeunes gens seraient certainement peu disposés à s'y soumettre ;
« ils auraient de la peine à croire que cet enseignement leur soit
« absolument indispensable. C'est pour cela, qu'après avoir lon-
« guement étudié la question, la Chambre de commerce s'est
« bornée à mettre à la disposition des jeunes gens qui se proposent
« d'aller aux colonies, quelle que soit leur profession, la possibilité
« d'acquérir un résumé d'informations complémentaires qui doit
« leur suffire pour faciliter leur installation dans les pays nouveaux.
« Elle a cru faire ainsi une œuvre utile. »

Ces cours présentent d'ailleurs, comme on l'a dit plus haut, le
côté pratique qu'ils n'empêchent pas les jeunes gens de se livrer
dans la journée à d'autres occupations.

« Le grand défaut de toutes les écoles, déclarait aussi le Président
« de la Chambre de commerce, c'est de faire trop de théorie et de
« former l'esprit des élèves d'une manière qui n'aboutit pas
« sûrement à la pratique. Les jeunes gens qui ont dépensé six ans
« pour leur études classiques, trois ans pour les mathématiques ou
« la chimie, qui ont ensuite passé par l'Ecole des mines, n'ont
« jamais fait que de la théorie, et on peut penser qu'ils devraient
« être mis plus jeunes en face de la pratique.

« N'est-ce pas d'ailleurs un des inconvénients de l'enseignement
« de notre pays, et n'est-il pas fâcheux de constater que nos jeunes
« gens n'arrivent à appliquer leurs connaissances que beaucoup plus
« tard que les étrangers ? »

En réalité, la Chambre de commerce a cru devoir se borner à mettre
à la portée des jeunes gens qui sont dans les affaires les moyens
d'acquérir certaines connaissances qu'ils pourront utiliser en dehors
de la mère patrie. Elle a estimé que, sauf modifications ultérieures
qu'indiquera la pratique, il suffisait pour le moment d'organiser

sur les bases actuelles son enseignement colonial, qui est à même d'aider immédiatement au développement des vocations coloniales.

V. P.

IV. — Projet de création d'une école coloniale lyonnaise.

L'organisation de l'enseignement colonial tel que le comprend le grand corps commercial lyonnais est déjà une œuvre importante et on doit y applaudir; néanmoins, en ce qui nous concerne, nous croyons que des études plus complètes sont nécessaires dans l'avenir pour former les aspirants à la vie coloniale, qui doivent être, quoique très jeunes, livrés à eux-mêmes et toujours appelés à faire face aux problèmes de la création et aux difficultés de l'exécution.

Quels devraient donc être les caractères d cette préparation ?

Il ne m'appartient pas de tracer ici un programme fixe et précis, ni de déterminer le nombre d'élèves qui pourraient être admis dans ces écoles. Je tiens seulement à indiquer en grandes lignes les principes, les bases sur lesquelles je voudrais voir reposer cet enseignement.

Tout d'abord, il devra s'adresser à des jeunes gens formés, ayant satisfait aux obligations du service militaire, comprenant déjà les rigueurs et les nécessités de la lutte pour la vie, et décidés à adopter la carrière coloniale pour leur avenir. Il ne faut pas songer à envoyer dans les colonies ou les pays que nous avons en vue des sujets trop jeunes, peu formés encore; d'autre part, les études que je vais préconiser pouvant faire très vite des sujets aptes à des emplois supérieurs, il est bon qu'ils aient déjà une certaine maturité d'esprit.

Cet enseignement sera complet, il devra constituer quelque chose d'organisé, d'ordonné, de cohérent.

Les cours, les leçons qui le composeront devront s'enchaîner et se compléter, de façon à former un ensemble qui réponde à toutes les exigences du commerce et d'une industrie. Deux années d'études avec cinq heures de cours par jour seront indispensables pour cet enseignement colonial supérieur.

Les langues étrangères avant tout devront en être la base, et comme nous allons dire tout à l'heure que l'Ecole coloniale lyonnaise devra plus spécialement former des sujets pour l'Asie et les pays d'extrême Orient, c'est l'anglais, le chinois, l'annamite, qui devront particulièrement être enseignés, et cela d'une façon complète, pour que l'élève, à sa sortie, puisse en anglais tenir une conversation aisée, et faire une composition écrite parfaite ; en langue orientale, il devra pouvoir suffire à ses besoins, et pour cela deux ans d'étude seront suffisants.

Un cours d'anglais et un cours de langue orientale devront donc être professés chaque jour. La comptabilité devra être enseignée à fond ; la correspondance devra se pratiquer couramment ; quelques leçons sur l'histoire, la géographie, la géologie, l'organisation administrative de nos colonies et des pays d'Asie seront en outre très utiles.

Ajoutez-y un cours d'ethnographie coloniale, dans lequel je ferai entrer l'étude de l'hygiène, des mœurs, du caractère, de l'organisation politique, des goûts, des besoins, des habitudes commerciales des indigènes qui sont plus ou moins sous notre juridiction ; un cours d'économie politique appliquée aux choses coloniales, et se référant surtout aux questions douanières, aux poids et mesures, aux monnaies, au change ;

Comment les Chinois pratiquent l'association, le rôle des congrégations, du banquier, du compradore chinois, etc. ; quelle place très grande tient dans le commerce au Tonkin la femme annamite ; quelles ressources dès lors on pourrait en tirer ; il y a là des questions qu'il faudra étudier.

Où apprendre tout cela aujourd'hui ? Et pourtant quelle préparation utile, quel temps gagné pour celui qui l'aura acquis avant de partir.

Le dessin linéaire et l'étude du lever des plans auront également leur place.

Les élèves, instruits déjà sans doute de notions générales de chimie, de physique, devront les revoir et les perfectionner, sur les points qui sont le plus susceptibles d'être utilisés là-bas ; un peu de minéralogie, quelques aperçus sur l'exploitation d'une mine et les recherches d'un gisement.

Enfin, grâce à un musée des produits coloniaux de matières premières et de tissus européens toujours renouvelés, l'élève devra se familiariser avec les principaux articles textiles et tissus qui doivent former l'objet des opérations de commerce qu'il fera plus tard.

Puis, par des cours commerciaux professés par des hommes d'expérience et des négociants même, et qui seront de véritables leçons de choses, il acquerra l'art du négoce.

Où se donnera cet enseignement ainsi conçu? Dans une école spéciale, ou dans une section ajoutée à une école déjà existante?

J'hésite à écrire ce mot d'école, tant il a été l'objet de critiques, et pourtant je suis forcé d'y recourir, quitte à lui ajouter un qualificatif qui le précise bien.

Qu'y aurait-il, par exemple, de plus facile, de plus naturel et de mieux raisonné que d'annexer, comme une section spéciale, l'École coloniale que je préconise à l'École centrale de Lyon, déjà sous le haut patronage de la Chambre de commerce, et qui va à son tour édifier un grand établissement complété avec le concours financier de la ville de Lyon? Que d'affinité entre ces deux écoles, étant donné le programme que j'ai esquissé pour la question coloniale! Aussi que d'aides, que de services ces deux enseignements pourraient se rendre mutuellement, que de cours qui pourraient être communs et combien d'horizons tout nouveaux, combien de carrières pourraient ainsi s'ouvrir et s'offrir aux élèves de l'École centrale d'aujourd'hui!

Avec de telles combinaisons et bien d'autres encore possibles, que je voudrais voir enfin discuter d'une façon pratique, c'est avec peu de frais que l'on pourrait organiser cet enseignement colonial dont les inscriptions devraient être mises à la portée de tout le monde.

En tout cas, pour le moment et pour la suite des idées que j'ai à développer, la question que je viens d'ouvrir est secondaire.

Sous quelque toit qu'il soit donné, cet enseignement devra être distinct et imprégné pour ainsi dire de l'esprit colonial.

Mais, ce n'est pas tout. Il n'aura de valeur et ne produira de résultats effectifs, que si les hommes que nous en chargerons présentent eux-mêmes les qualités d'esprit pratique et de vocation coloniale que seule peut donner l'expérience.

Il faudra que, pour certaines connaissances, ces hommes aient vu et pratiqué eux-mêmes tout ou partie des choses dont ils parleront; ils devront être, chacun dans sa spécialité, des professionnels de la colonisation.

Cependant, au début, il y aura grand profit à s'assurer le concours de quelques maîtres, ayant par métier l'art et l'habitude de professer; on leur attribuerait les cours les plus généraux, les cours classiques, comme l'économie et la législation coloniales, l'organisation administrative de nos colonies, les sciences naturelles.

Ces professeurs offriraient aux autres, dont nous allons parler, des points d'appui et une méthode ; ils formeraient le cadre ferme qui fixerait tout l'ensemble.

Mais, cette restriction faite, je reviens à mes prémisses : pas de maîtres d'école, pas de théoriciens, mais des professeurs pratiques, ayant pratiqué.

Maintenant que les colonies occupent et intéressent beaucoup de monde, il ne serait pas trop difficile de les trouver.

Pour les cours commerciaux, pour la description des produits, nous pourrions en rencontrer quelques-uns parmi nous. Croyez-vous que parmi ceux qui, dans notre cité, entretiennent des relations suivies de commerce et d'affaires avec l'une ou l'autre de nos colonies, avec les Indes, l'Indo-Chine, la Chine ou le Japon, on ne trouverait pas de merveilleux vulgarisateurs et d'excellents conseillers pratiques ; et quelques leçons d'eux suffiraient, frappant bien mieux l'esprit de ces jeunes gens.

Mais pour toutes les autres notions préparatoires à acquérir, nous ferions très aisément d'excellentes recrues dans l'élite de ces fonctionnaires coloniaux, Résidents ou Commissaires de quelque ordre que ce soit, qui chaque année reviennent en France, pour un congé plus ou moins long ou leur retraite précoce.

Ces gens-là, dans leur simplicité, réuniraient bien mieux que le plus grand théoricien les conditions désirables, qui sont surtout, je le répète, la compétence et le sens pratique.

Ils n'enseigneraient que ce qu'ils auraient appris *de visu* et par eux-mêmes.

Ils ne parleraient que de régions où ils auraient vécu, de mœurs et de coutumes d'indigènes qu'ils auraient eus sous leur administration directe, d'affaires qu'ils auraient étudiées et pratiquées, de produits qu'ils auraient vus pousser et consommer : ce seraient les meilleurs guides qu'il soit

Ils s'adonneraient à ces fonctions passagères avec d'autant plus de zèle et de dévouement qu'ils y verraient une façon intelligente et même lucrative d'occuper leurs loisirs, de se faire connaître et d'acquérir ainsi une notoriété des plus favorables à leur avancement.

Dira-t-on que ces fonctionnaires ne pourront jamais faire que des professeurs temporaires, soumis à de fréquents remplacements ?

Pour ceux qui utiliseront là un congé, oui ; mais c'est précisément ce qu'il faut, car du train que prennent les choses, il ne sera bientôt plus possible d'être au courant de la vie, des besoins commerciaux d'une colonie, quelques années seulement après l'avoir quittée.

Il faudra même que ceux qui auront la charge de la direction de cette École veillent au renouvellement fréquent du personnel enseignant, et s'assurent d'avance, en se tenant toujours en relations avec l'administration supérieure de chaque colonie, de nouvelles recrues. Je suis persuadé que nous n'aurons le plus souvent que l'embarras du choix.

Et alors, au bout de quelques années, quels correspondants utiles pour l'Ecole, que tous ces hommes qui y auront enseigné; quelle aide, quelles facilités n'offriraient-ils pas là-bas à leurs élèves et à tous ceux qui plus tard sortiraient de l'École !

Enfin, j'ajouterai une dernière condition. Elle n'est pas indispensable, mais elle a l'importance que lui donneraient ses effets pratiques. Grâce à elle, il serait possible de donner aux idées que je vous propose une application très prompte. Il serait désirable que l'enseignement qui nous occupe soit *spécialisé*, et, dans une certaine mesure même, *localisé*.

Notre empire colonial est très vaste, et les régions qui le composent sont de nature, de populations, de productions tout à fait différentes. Songer à créer une école unique qui instruise sur toutes nos colonies serait tenter une impossibilité.

A part quelques connaissances générales qui seraient communes, il faudrait donc organiser presque autant d'enseignements qu'il y a de colonies à décrire. Les dimensions, les difficultés et les lenteurs d'une telle entreprise, si on cherche à la poursuivre en bloc, nuiraient beaucoup à la rapidité et aux nécessités pratiques qui, à mon avis, doivent présider à son exécution. Aussi me semblerait-il bon de faire dans la liste de nos colonies des groupements, suivant les ressemblances et les affinités raisonnées qui peuvent exister entre quelques-unes d'elles, et de résoudre séparément, pour chacun de ces groupes, la question que nous exposons en ce moment.

Il est une constatation qui milite en faveur de cette solution ; c'est que certaines colonies, parmi les plus importantes, ont déjà dans la métropole certaines régions, certains centres d'affaires bien déterminés, qui s'intéressent plus particulièrement à elles, et ont avec elles plus d'affinités. Ainsi, c'est Marseille qui a le plus de rapports avec nos établissements de l'Afrique occidentale. Et Lyon, pour des raisons que tout le monde connaît, regarde de préférence les pays d'extrême Orient. Bordeaux, le Havre, Rouen ont aussi leurs relations plus naturelles, et auraient leurs écoles. La répartition de notre enseignement, ou plutôt de nos enseignements, se trouve donc ainsi tout naturellement indiquée. Dans le plan que je propose, Lyon, comme de juste, prendrait les devants, et se donnerait une sorte d'école où on s'initierait plus spécialement au commerce chinois et à la colonisation commerciale de l'Indo-Chine. Cette école serait en relations directes et permanentes avec ces pays ; elle y puiserait tous ses éléments constitutifs. Il faut que le gouvernement de l'Indo-Chine lui porte déjà beaucoup d'intérêt et en apprécie l'utilité, pourqu'il offre à la Chambre de commerce, comme il le fait, une subvention importante qu'il est tout disposé à doubler si c'est utile.

Une pareille institution accentuerait encore la spécialité de notre ville. Celle-ci, à mon avis, n'y trouverait qu'avantage. Car je voudrais voir Lyon, ou plutôt tout le centre économique qu'il représente, avec son grand commerce et ses grandes industries, attiré et tourné plus spécialement vers ces pays de l'extrême Orient, comme Marseille et toute la région méditerranéenne de la France l'étaient aux siècles derniers, vers les pays d'Orient. Ils y trouveraient, j'en suis sûr, la même prospérité.

Pas une ville comme Lyon, cette grande cité, laborieuse et entreprenante, que Funck Brentano dénomme « *la métropole commerciale de la France* », pas une ville, dis-je, même Paris, n'est mieux préparée pour fonder, rendre pratique et prospère un enseignement tel que celui que je préconise, et former les vocations que nous cherchons.

Lyon, au centre d'une grande région industrielle, possède tous les éléments d'étude et d'instruction possibles : soie, soieries, coton, cotonnades, teintures, apprêts, produits chimiques, métallurgie, mines, tréfileries, ateliers et chantiers de construction, banques de premier ordre, école centrale, école des mines, école de commerce, de la Martinière, d'enseignement professionnel, école de médecine, de pharmacie, institut chimique, jardin botanique, école d'agriculture, etc.

Tout se trouve réuni sur cette place.

Il y a là, pour des élèves, un ensemble de leçons de choses incomparable. Les plus laborieux, en contact avec le monde des commerçants et des industriels, se feraient vite connaître et apprécier, et une fois connus, ils trouveraient tout naturellement, au jour décisif, les appuis, les relations et les capitaux suffisants pour les aider à partir, à s'installer et voler de leurs propres ailes.

Je puis prédire que le succès de cet enseignement serait assuré, car il répond à une nécessité impérieuse : nous faire des hommes, ce qui, je le répète, est la seule chose qui nous manque encore pour assurer la prospérité de nos grands établissements. Ces hommes, j'en suis sûr, trouveraient bien vite carrière, et je ne crois pas trop m'avancer en disant, sans me préoccuper des actes de l'initiative privée, que dix jeunes gens au moins, par an, trouveraient une situation assurée par le fait seul de la notoriété acquise par l'école.

Car, que d'affaires, que d'entreprises à créer dans des pays représentant des espaces aussi immenses et des populations aussi denses que la Chine, les pays de l'Indo-Chine !

L'occupation de Madagascar, l'ouverture de la Chine, sa pénétration par le Tonkin sont aujourd'hui choses faites ; hâtons-nous de prendre place, de planter nos jalons, de nous établir dans les grandes villes parcourues par la Mission lyonnaise du Yunnam, du Setchouen, des deux Quangs, si nous ne voulons pas nous laisser supplanter par nos rivaux.

Formez des sujets, et vous verrez les affaires se multiplier à l'infini dans ces pays si riches.

L'Allemagne vient de fonder sa première école coloniale ; l'empereur en a été le premier souscripteur.

L'Angleterre elle-même, malgré son avance sur nous, reconnaît aussi la nécessité d'une école commerciale coloniale.

La Russie, la plus hardie peut-être des nations de notre époque en matière d'expansion, vient courageusement de créer la sienne à Pékin.

Celle que nous préconisons ici, qui est attendue, demandée par tous, sera la première de son genre en France. Il appartient à la ville de Lyon de l'avoir, et c'est son devoir de la faire elle-même.

Ulysse PILA.

TABLE

———

TABLE 173

Lyon. — Imp. A. REY, 4, rue Gentil. — 22529

www.ingramcontent.com/pod-product-compliance
Lightning Source LLC
Chambersburg PA
CBHW070303290326
41930CB00040B/1892